王大鹏烈士史料研究

王林兴 主编

中国海洋大学出版社
CHINA OCEAN UNIVERSITY PRESS

·青岛·

图书在版编目（CIP）数据

王大鹏烈士史料研究 / 王林兴主编. — 青岛：中国海洋大学出版社，2021.8
ISBN 978-7-5670-2896-8

Ⅰ. ①王… Ⅱ. ①王… Ⅲ. ①王大鹏—传记 Ⅳ. ①K827=6

中国版本图书馆 CIP 数据核字（2021）第 163843 号

王大鹏烈士史料研究　WANG DAPENG LIESHI SHILIAO YANJIU

出版发行	中国海洋大学出版社
社　　址	青岛市香港东路 23 号
邮政编码	266071
出 版 人	杨立敏
网　　址	http://pub.ouc.edu.cn
电子信箱	1922305382@qq.com
订购电话	0532-82032573　（传真）
责任编辑	曾科文　陈 琦　　电　话　0898-31563611
印　　制	海南雅迪印刷有限公司
版　　次	2021 年 8 月第 1 版
印　　次	2021 年 8 月第 1 次印刷
成品尺寸	125 mm × 190 mm
印　　张	7.25
字　　数	86 千
印　　数	1—2500
定　　价	50.00 元

如发现印装质量问题，请致电 0898-66732388 调换。

王大鹏烈士像

《王氏族谱》载：王大鹏生于壬辰年（1892年）

感恩县民国时期历任知事、县长名录

表 27—2—3

姓　名	籍　贯	科　名	任职时间
黄颖植	广西凌云	拔贡	民国三年(1914年)
陈章南	钦廉		民国五年(1916年)
吴信宜	广府		民国五年(1916年)
姜本礼	石陶		民国六年(1917年)
黄长豫	番禺		民国七年(1918年)
虞同仁	广西	岁贡	民国七年(1918年)
吴彦文	儋县		民国七年(1918年)
王大鹏	琼东县		民国九年(1920年)
周知礼	五南		民国九年(1920年)
李震	高州		民国九年(1920年)
王静文	琼山县		民国十年(1921年)
陈近曾	琼山县		民国十年(1921年)
王道熙	感恩十所	拔贡	民国十年(1921年)

《东方县志》载：王大鹏于1920年任感恩县知事

顯考郡評敦誠王府君之墓

前任陵水縣知事現任瓊東縣縣長男大鵬

中華民國十二年四月吉日立

孫業亮　武

据王大鹏父亲墓碑落款，王大鹏任琼东县县长前，曾任陵水、感恩县知事

嘉积至
岭口公路

新民街景

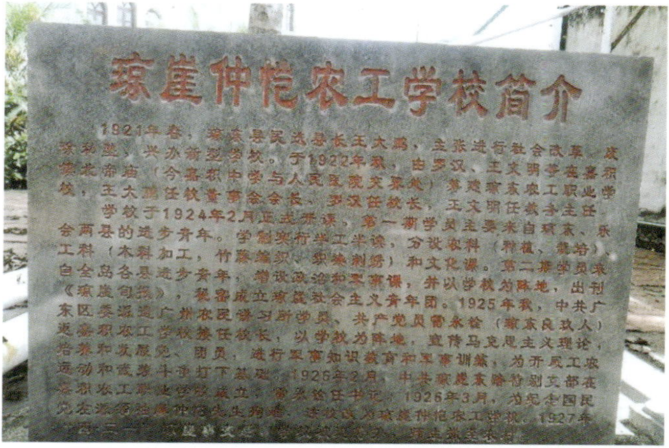

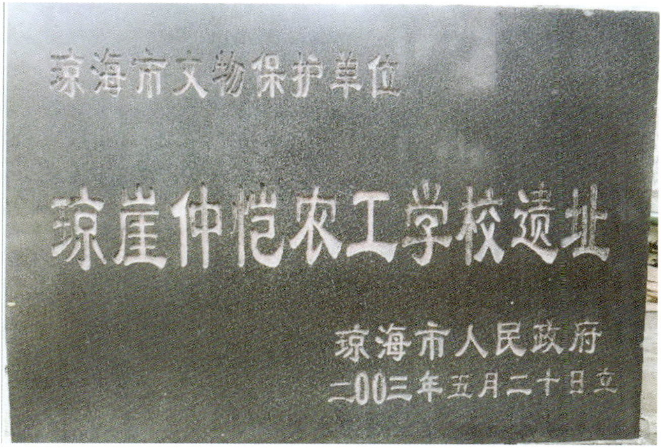

琼崖仲恺农工学校（原嘉积农工职业学校）遗址（现在嘉积中学校园内）

文渊阁书局今址（嘉祥街77号）

王大鹏使用过的喂马臼

王大鹏牺牲在光耀村番薯园岭（现为石合水库库区），图中土坎下水淹没的地方为烈士牺牲地

姓　名	王大鹏		
性　别	男	出生时间	一八九二年
籍　贯	广东省琼海县... 社区（村）以下园村		
生前单位及职务	琼崖苏维埃副主席		
参加革命时间	一九二六年明	入党（团）时间	一九二七年四月入党
牺牲地点、原因、时间	一九三〇年下半年在定安... 因敌人围堵被敌杀害 英勇牺牲		
批准机关时间	广东东县人民政府 一九八三年九月		
发证机关盖章时间	琼海县人民政府 一九八三年九月三十日		
陈谓及住址	何利 大鹏 琼海县社区（村）下园村		
执证人姓名			
抚恤			
备注	换证 一九八三年九月三十日		

　　革命烈士证明书存根注明：王大鹏出生于1892年，生前职务为琼崖苏维埃政府副主席

革命烈士证明书

王大鹏
烈士墓

王大鹏遗孀何十川（二排中间老者）与家人合影

王大鹏烈士故居

注：插页 1 "王大鹏烈士像" 来自中共海南省委党史研究室；其余照片资料为王中坚提供以及王宏兴、王林兴摄制。

前　言

　　王大鹏（1892—1929），海南省琼海市嘉积镇龙阁村人。他是民国初期传奇的杰出人物，是琼崖早期有影响的革命烈士。他的事迹感人至深，可歌可泣。我经过几年努力，挖掘、收集和分析王大鹏史料，编写了《王大鹏烈士史料研究》一书，希望能为琼海革命斗争史充实资料，为琼崖革命斗争史增添光彩。

　　本书为史料研究，所收集的文章资料有不同观点，可以互相讨论，各抒己见。除文章节选（经作者同意）和王业雄文章个别更正（经家属同意）外，文章资料原则上保持原文。对同一事件有两份史料的，如内容互补，互相佐证，或说法不一，尚待考证，一并收录。在内容编排上，除个别调整外，史料按时间顺序、文章按发表先后排列。本书所引用史料和文章，一律注明来源出处。

　　本书主要分为三个部分：王大鹏烈士诗文、有关王大鹏烈士的史料和追忆王大鹏烈士。根据史料考证分析，我对王大鹏历史上有异议的时间、地点、人物、事件等十个问题予以解读，以正视听。同时，用史料把王大鹏在琼崖革命斗争中的历史地位和作用概括为"四个一"：

　　他是琼崖早期传播马克思主义的先进分子之一。据《红旗不倒——中共琼崖地方史》记载："马克思主义在琼崖的传播是从1921年冬和1922年初，中共中央先后派中共早期党员、团员吴明、罗汉、鲁易、李实等人到琼进行革命活动后开展起来的。他们到琼后，在琼山、海口、琼东等地学校以教书掩护地下工作，很快同已在琼崖的中共早期党员毛孟屏和琼崖的先进分子徐成章、徐天柄、王器民、王大鹏等人结合起来，打开了工作局面。"①

他是琼崖最早加入中国共产党的先锋战士之一。《"一大"前后——中国共产党第一次代表大会前后资料选编》中，陈公培在《回忆党的发起组和赴法勤工俭学等情况》中写道："一九二二年秋，我到海南岛，发展了十来个同志，现在记得的有：鲁易（湖南常德人，当时在琼山六师教书）、罗汉（后来是托派）和海南岛本地人徐成章、徐天柄、王大鹏、严凤仪、王文明、王器民（其中好多人为革命牺牲了）。我们通过教书，进行活动，接触面很狭，做不了多少工作。以后因当地反动势力的压迫，仍回大陆，直至一九二五年，国民革命军到海南岛，党的势力在海南岛才扎下了根。"[②]

他是琼崖工农红军优秀的指挥员之一。1928年，《中共琼崖特委给省委的报告》中写道："特委五月三日召集扩大会议，对省委指示详细讨论进行计划……特委对于目前动作的计划……另派一部（二连），由王大鹏同志带领向琼东发展，帮助农民暴动。"[③]

王大鹏带领红军帮助农民暴动的情况，琼崖特委书记黄学增在《黄学增给省委的报告》中这样记述："琼东最近因暴动发展，并且每次与敌人打仗都得胜利。"④

他是琼崖首届苏维埃政府领导人之一。《海南名人辞典》记载："王大鹏1928年4月回琼参加武装斗争，8月被选为琼崖苏维埃政府副主席兼经济委员会主任。"⑤1983年9月，中华人民共和国民政部换发革命烈士证明书，在王大鹏烈士证明书存根的"生前所在单位及职务"栏注明了"琼崖苏维埃副主席"；"批准机关时间"栏是"琼东县人民委员会一九五七年九月"。另据《琼海县志》（烈士名录）记载，王大鹏牺牲前的职务是"琼崖苏维埃副主席"⑥。

同时，本书记述了王大鹏和杨善集、王文明之间深厚的革命友谊。王大鹏曾在工作和生活上关心杨善集、王文明，后在杨善集的领导下从事党的报刊发行工作，并协助王文明建设琼崖苏维埃政权。他们的故事，被人们传为佳话。

在书中，我们可以了解到，琼崖革命先驱王大鹏，是一位信仰坚定、对党忠诚、坚强勇敢的革命战士。他在监狱里坚贞不屈，决不叛党。他在战斗中勇往直前，视死如归，为掩护战友撤退光荣牺牲。

琼海人民具有光荣的革命斗争传统，在中国共产党的领导下，前仆后继，英勇斗争，为琼崖 23 年红旗不倒谱写了光辉的篇章。仅在第一、第二次国内革命战争时期，为革命牺牲的垂名烈士就有杨善集、王文明、王大鹏等 1714 人，他们崇高的革命气节，悲壮的斗争事迹，光照日月，彪炳千秋。

2020 年 9 月 16 日，习近平总书记在湖南参观革命历史展览馆时指出："要用好这样的红色资源，讲好红色故事，搞好红色教育，让红色基因代代相传。"因此，我把《王大鹏烈士史料研究》一书呈献给读者，就是希望大家牢记总书记的教导，用好琼崖革命的红色资源，讲好革命烈士的故事，让革命精神代代相传。

王林兴

2020 年 10 月 1 日

注：

①中共海南省委党史研究室编著《红旗不倒——中共琼崖地方史》，中共党史出版社，1995，第 26 页。

②中国社会科学院现代史研究室、中国革命博物馆党史研究室编《"一大"前后——中国共产党第一次代表大会前后资料选编》，人民出版社，1980，第 567 页。

③中共广东省海南行政区委员会党史办公室、海南行政区档案馆编《琼崖土地革命战争史料选编》，广东省内部刊物登记证第 103 号，1987，第 339 页。

④中共广东省海南行政区委员会党史办公室、海南行政区档案馆编《琼崖土地革命战争史料选编》，广东省内部刊物登记证第 103 号，1987，第 361 页。

⑤海南名人辞典编委会编《海南名人辞典》，中山大学出版社，1990，第 77 页。

⑥琼海市地方志编纂委员会编《琼海县志》，广东科技出版社，1995。

目　录

王大鹏烈士诗文

有关王大鹏烈士的史料

追忆王大鹏烈士

王大鹏烈士诗文

八角水心亭对联[①]

整顿市容，治理城镇环境，是社会发展的需要。王大鹏主持拆除了琼东县城[②]的旧城墙，建造了端山和奎塔公园。他在县城前面的莲池中建起了一座八角水心亭，并且撰两副对联镌刻在亭柱上。

其一是：

椰拥山青，一带风光无限好；

荷莲水碧，半塘花影有余香。

其二是：

花红里映夕霞彩，

果绿上凝月露珠。[③]

注：

①题目为编者所加。

②今塔洋镇。琼东县原名会同县，于元世祖至元二十九年（1292年）割乐会县西北境设置。县治建于

永安都乌石（今大路镇内），元仁宗皇庆元年（1312年）土酋王高叛乱，烧毁县治，迁治于太平都（今潭门镇）。元至正元年（1341年），迁治于端赵都的端山（塔洋）。民国三年（1914年），会同县易名琼东县。1950年，琼东县治迁往嘉积。1958年，琼东、乐会、万宁三县合并为琼海县（翌年析出万宁县）。1992年撤县建琼海市。

③中共琼海县委党史办公室编《琼海革命斗争史》，三环出版社，1990，第29页。

重印琼东县县志序

　　县志即国史之一。盖积一县之事以成志，即积天下之县志以成史。是志所繁，大矣哉。我县县志，始于明万历四十七年（1619年）。至清康熙八年（1669年）一修，二十六年（1687年）又一修。乾隆三年（1738年）一修，三十八年（1773年）又一修。嘉庆二十五年（1820年）一修。至今不修，百有余年。其中沧海桑田，可胜言哉。今仍不修，不但一百余年之事，久渐失实，即前二三百年，先后所修旧志，其版、其卷，不为风雨所坏、蠹鱼所蚀、兵燹所毁者，几何也。其势不至终归乌有不止矣，可惧孰甚。况自帝制改为民主，会同改为琼东，潮流所趋，庶政维新，过渡之间，无常不变，无变不奇。县中改革如何，建设如何，治乱如何？又县中官长之贤否，民生之忧乐，生齿之多寡，人材之盛衰，民情风俗，灾祥丰歉，在在皆比，寻常为重大变化，尤不可不大书特书。载之县志，使后之读志者，知过渡时期内之琼东，与数百年前之会同，与千百年后之琼东，其时，其人，其事，其地，为何如也。鹏自被民选为桑梓服务，四年于兹。凡百事宜，在在待举。如学校，如路政，先所必先，急所必急。加以地方久乱，事每掣肘，又值年大凶荒，事尤棘手。此邀我父老子弟，续修县志。所以有志未逮也。如使旧志，日就朽蠹，使后失传，县长罪也。爰为重印，公诸县中，守先待后，庶轻我过。志中旧地图，除保存外，另附新图。邦人君子，其共谅之。

民国十四年（1925年）
选任县长王大鹏谨职[1]

注：

[1]原载《琼东县志》。

祝 辞[1]

　　琼东之为邑，纵横仅数十里，至褊小也。近来感受外界潮流，于兴学一途，较前颇有增进，计初小校有数百间，高小校有十余间，为数尚属不少，而县立中校，独讨阙如，未免俾一般升学士子，有向隅之叹。故鄙人忝任县事，即毅然从事筹设，而当时闻其议者，有谓地小民贫，难于举办，不知"难"之一字，为愚人所用之字典有之。试观是校此数年间，惨淡经营，始有今日，何难之有！尤幸者，自去年夏间，得黎君筱景来长斯校，积极整顿，如增建教室，扩充班数，及其余校中诸务，无不悉心规划，整然有条。此校为全邑最高学府，当亦不愧为一邑之教育楷模也。今校内有校刊之举，盖为鼓吹文化之事，闻而实拥我心，爰之为聊缀俚词以颂曰：

国家要政，兴学育人。
琼东中学，筹设维新。
群英聚会，济济莘莘。
宣传文化，责在吾身。
校刊出世，牖发天真。
潜移默化，去垢除尘。
抱定宗旨，择精取神。
锐意猛进，邹鲁海滨。

琼东县县长王大鹏谨祝[2]

注：
　　①1925 年 4 月，在琼东中学校刊创刊号出版庆祝
大会上的祝辞。
　　②据《琼东中学校刊》记载。

有关王大鹏烈士的史料

加入同盟会琼崖支会①

　　辛亥革命时，早年曾留学日本的王志恕任会同知县，他见识较广，思想开明，反对帝制，主张共和，深得民心。会同县青年王大鹏、王器民等加入同盟会琼崖支会②，积极参加孙中山领导的资产阶级民主革命。③

注：
　　①本文为节选，题目为编者所加。
　　②王志恕任会同知县是民国二年，故时间为 1913 年。
　　③中共琼海市委党史研究室：《中国共产党琼海历史（第一卷）》，中共党史出版社，2012。

任感恩县知事^①

    在《感恩县民国时期历任知事、县长名录》中，可查到王大鹏任职记录：

姓名：王大鹏

籍贯：琼东县

任职时间：民国九年（1920年）^②

注：

    ①本文为节选，题目为编者所加。原资料为图表。

    ②海南省东方市史志编纂委员会编《东方县志》，新华出版社，2011。

任民军总军需[1]

（王大鹏）1919年秋学成回国，1920年参加陈继虞领导的讨伐军阀统治的琼崖民军，担任总军需。[2]

注：
[1] 本文为节选，题目为编者所加。
[2] 海南省地方志办公室编《海南省志·人物志》，南海出版公司，2008。

民军攻下嘉积、定安等城镇[①]

　　1920 年粤桂战争爆发……陈继虞受命为粤军义勇军第四路司令，率民军[②]在琼山（今属海口市）、文昌、定安、琼东（今属琼海市）、乐会（今属琼海市）、万宁、陵水、崖县（今属三亚市）等地向守敌发起进攻，连续攻下嘉积、定安等城镇，队伍发展至四五千人，进围府城。但是由于民军在胜利面前丧失警惕，被敌击败。[③]

注：

　　①本文为节选，题目为编者所加。

　　②王大鹏任民军总军需。

　　③中共海南省委党史研究室编著《红旗不倒——中共琼崖地方史》，中共党史出版社，1995，第 17 页。

民军进攻海口、琼城^①

1920 年 8 月，粤桂战争爆发，陈继虞率民军^②围攻琼城的滇军蔡炳寰部，被蔡部击败。

冬，琼崖民军首领陈继虞率民军队伍在万宁、陵水宣布独立，并率部与李根源、赵德裕部作战，进攻海口、琼城。^③

注：

①本文为节选，题目为编者所加。琼城即今海口市府城地区。

②王大鹏为民军总军需。

③海南省琼山市地方志编纂委员会编《琼山县志》，中华书局，1999。

任琼东县民选县长[1]

中华民国十年（1921 年），广东省实行民选县长。王大鹏被选为琼东县县长，为本县民选县长之始。[2]

注：

①题目为编者所加。

②琼海市地方志编纂委员会编《琼海县志》，广东科技出版社，1995。

杨善集协同王大鹏倡导革新[1]

中学毕业后，他（杨善集）先后被聘到福田夏试小学、三合振文高小任教员，接着被聘为琼东县立第一高小校长。[2]他利用学校讲坛向学生灌输进步思想，组织学生上街下乡宣传，接触工农群众。他积极协同王大鹏县长在"大启文明"的口号下倡导革新。[3]

注：
　　[1]本文为节选，题目为编者所加。
　　[2]时间为1922年。
　　[3]中共琼海市委党史研究室：《中国共产党琼海历史（第一卷）》，中共党史出版社，2012。

邀请革命者到琼东^①

1921 年 12 月，从法国勤工俭学回国的社会主义青年团员罗汉，来到琼崖进行革命活动，开始在《琼崖旬报》上"介绍欧洲的社会主义"。翌年春，他应琼东县民选县长王大鹏之邀从海口南下琼东县，被安排在嘉积亭父实业公司任职。1922 年初，有一批革命者南下琼东县，其中有旅欧归国的中共巴黎小组成员吴明，社会主义青年团员鲁易、李实等。他们分别在琼东县立第一高小、琼东中学、琼崖东路中学、嘉积农工职业学校任职……南下革命者的传播，使琼东、乐会两县不少知识分子接受马克思主义的启蒙教育而走上了革命的道路。^②

注：
　　①本文为节选，题目为编者所加。
　　②中共琼海市委党史研究室：《中国共产党琼海历史（第一卷）》，中共党史出版社，2012。

传播马克思主义的先进分子①

马克思主义在琼崖的传播是从 1921 年冬和 1922 年初，中共中央先后派中共早期党员、团员吴明、罗汉、鲁易、李实等人到琼进行革命活动后开展起来的。他们到琼后，在琼山、海口、琼东等地学校以教书掩护地下工作，很快同已在琼崖的中共早期党员毛孟屏和琼崖的先进分子徐成章、徐天柄、王器民、王大鹏等人结合起来，打开了工作局面。②

注：
　　①本文为节选，题目为编者所加。
　　②中共海南省委党史研究室编著《红旗不倒——中共琼崖地方史》，中共党史出版社，1995，第 26 页。

1922 年加入中国共产党[1]

陈公培在《回忆党的发起组和赴法勤工俭学等情况》中写道："一九二二年秋，我到海南岛，发展了十来个同志，现在记得的有：鲁易（湖南常德人，当时在琼山六师教书）、罗汉（后来是托派）和海南岛本地人徐成章、徐天柄、王大鹏、严凤仪、王文明、王乃器[2]（其中好多人为革命牺牲了）。我们通过教书，进行活动，接触面很狭，做不了多少工作。以后因当地反动派势力的压迫，仍回大陆，直至一九二五年，国民革命军到海南岛，党的势力在海南岛才扎下了根。"[3]

注：

①本文为节选。

②应为王器民。

③中国社会科学院现代史研究室、中国革命博物馆党史研究室编《"一大"前后——中国共产党第一次代表大会前后资料选编》，人民出版社，1980，第 567 页。

环岛公路东线可通达乐会[①]

民国十年（1921 年），广东省省长命令颁布《广东全省公路处拟订各属民办普通车路暂行章程》《广东全省公路处暂行修筑公路建筑法则》和地方人民集资筑路办法，奖励商民集资筑路，筑成后给予一定专利年限。在政府政策鼓励下，海南一些商人、乡绅和华侨，纷纷集资筑路经营运输业[②]。首先是修筑广东省公路处规划的省道第六干线（即海南环岛公路）中的琼文（琼山至文昌）、东文（嘉积至烟堆）、乐东（乐会至嘉积）、琼澄（海口至澄迈）、临澄（临高至澄迈）等数段公路，使环岛公路东线可通达乐会，西线可达临高。（环岛公路的西线部分，当时的走向与后来不同，是经过临高县城延伸至新盈，走儋州中和镇、白马井、海头等沿海地带）后又逐年陆续增建，至民国十四年(1925年)共有公路735.5公里,其中97%为民办公路,仅琼海路③3.5公里及乐东路17.5公里为官办。④

注:

①本文为节选,题目为编者所加。

②时任琼东县县长王大鹏,成立了琼益汽车公司,主持建设全县公路网。1923年,中华全国道路建设协会主办的《道路月刊》,先后于2月和5月刊登《广东琼东县长协同学生筑路》摄影和《粤省民选县长与筹款筑路》文章,赞扬王大鹏"寓提倡劳动神圣之意……亲自作工以为县民之倡也",并在王大鹏照片署名前面誉称"亲自筑路之县长"。王大鹏为中华全国道路建设协会会员,被推荐为"琼乐万三县路政队长"。

③琼山至海口。

④海南省地方志办公室编《海南省志·交通志》,海南出版社,2010。

乐会至嘉积公路 1923 年竣工[①]

中华民国十一年（1922 年）12 月，兴建乐东公路（乐会中原—琼东嘉积），翌年竣工，全长 14 公里。[②]

注：

①题目为编者所加。

②琼海市地方志编纂委员会编《琼海县志》，广东科技出版社，1995。

建设"嘉积新纪元"①

　　他（王大鹏）作出规划，采用加宽街面和裁弯取直的方法，整修了嘉积市的 13 条街道，使市容街貌为之一新。他取"嘉积新纪元"之义，将其中的 5 条主要街道分别命名为嘉祥、积庆、新民、纪纲、元亨。②

注：
　　①本文为节选，题目为编者所加。
　　②中共琼海县委党史办公室编《琼海革命斗争史》，三环出版社，1990，第 29 页。

琼东中学之诞生[①]

民国十二年（1923 年），王大鹏县长筹拨款项，新建教室 2 座、宿舍 9 间，并将附近之尊经阁楼，整为西式洋楼，设备既妥，规模大为扩张，于是，琼东中学即呱呱落地了。[②]

注：
　　①题目为编者所加。
　　②原载《琼东中学校刊》之《本校实录》。

捐 2000 光洋建琼东中学^①

1925 年建校捐赠情况

时　间　　　　　　　1925 年

姓　名　　　　　　　王云程

别　名　　　　　　　王大鹏

单位（公司）或职务　琼东县民选县长

款　额（银元）　　　2000 元（银元）^②

注：
　　①题目为编者所加，原文为图表。
　　②原载《琼东中学校刊》。

创办嘉积农工职业学校[1]

嘉积农工职业学校的创办对在琼崖传播马克思主义和培养革命骨干也有非常重要的意义。1922年初，吴明、罗汉、鲁易、李实等党、团员在琼进行革命活动。徐成章、王器民将他们介绍给当时琼东县民选县长王大鹏，他们建议创办农工职业学校，作为革命活动阵地，借以践行革命宣传和培养革命骨干。王大鹏采纳了这个建议，并成立董事会和校务会，王大鹏亲自担任董事长，由罗汉任校长，王文明任教务主任。1924年2月，嘉积农工职业学校正式开学。[2]

注：

[1] 本文为节选，题目为编者所加。

[2] 中共海南省委党史研究室：《中国共产党海南历史（第一卷）》，中共党史出版社，2007。

捐 2000 光洋建嘉积农工职业学校①

校董会选定以嘉积北门的北帝庙（今嘉积中学和市人民医院交界处）为校址。为了解决办学资金的困难，王大鹏向社会各界和海外侨胞动员募学。他不惜变卖了自家十余亩田园和建宅的木材，所得 2000 光洋捐献建校。②

①本文为节选，题目为编者所加。
②中共琼海市委党史研究室:《中国共产党琼海历史（第一卷）》，中共党史出版社，2012。

开设文化书局①

　　民国十三年（1924 年）王大鹏创办文化书局。王大鹏，1890 年出生于海南琼东（今琼海市）。早期参加革命，民国十年（1921年）经民选任琼东县县长。民国十一年（1922年）加入中国共产党。为启发民智，他利用在嘉积镇嘉祥街 88 号的祖置铺宅开设书店，既销售亦租借阅读，有《新青年》《现代青年》等进步杂志和中小学教科书。他还亲自到上海等地购回一批马列著作，如《共产党宣言》《资本论》等。大约民国十八年（1929年）停办。②

注：
　　①本文为节选，题目为编者所加。
　　②海南省地方志办公室编《海南省志·文化志》，海南出版社，2011。

文渊阁书局的由来①

　　修建公路发展交通引发了嘉积的"割街"运动……王大鹏带头将自己的旧铺前半段拆除，后退 3 米多，建设新楼房。新楼继续经营文化书局。他在楼顶竖立"文渊阁"的大字招牌，很有气势。②

注：

　　①本文为节选，题目为编者所加。

　　②中共琼海市委党史研究室、琼海市地方志办公室：《民选县长王大鹏的红色传奇》，《琼海通讯》2017 年 12 月 1 日。

资助王文明读大学①

　　1921 年秋王文明中学毕业后，被聘任为琼东县双庙高等小学校长……1922 年秋，王文明辞去校长职务，和罗汉、王大鹏等人创办了琼崖第一所教学与生产劳动相结合的完全新型的学校——嘉积农工职业学校，并出任教务主任一职。同年，由吴明介绍，并经中共中央批准，王文明加入了中国共产党。1924 年秋，王文明为了进一步寻求改造社会的革命真理，在王大鹏的资助下，考进中国共产党领导的上海大学社会系就读。②

注：
　　①本文为节选，题目为编者所加。
　　②中共琼海市委党史研究室:《中国共产党琼海历史（第一卷）》，中共党史出版社，2012。

送金表给杨善集当路费①

王大鹏热情鼓励琼东县进步青年走出去到内地去求学深造，寻求救国救民真理……这些在外读书的琼东学子，有不少寒门子弟得到王大鹏的资助。1924年，党组织派杨善集到苏联学习，临行时王大鹏脱下手腕上的一块金表，他爱人脱下耳上的一对金耳环交给杨善集当路费。②

注：

①本文为节选，题目为编者所加。

②中共琼海市委党史研究室、琼海市地方志办公室：《民选县长王大鹏的红色传奇》，《琼海通讯》2017年12月1日。

民选县长王大鹏的施政实践

　　王大鹏，字云程，1885 年出生于琼东县龙阁村(今琼海市嘉积镇龙阁村)的一个殷实富裕之家。1911 年秋，他考进琼台书院求学。在学校里，他努力学习文化科学知识，热心参加各种社会政治活动，暑假回乡时，积极参加农民武装讨伐袁世凯的斗争。斗争失败使他认识到，没有正确理论和科学知识来指导民众斗争，只靠一股热情是不行的。1914年夏，他以优异的成绩考进华南的名牌学府——广东书院。为了探索救国救民的道路，他废寝忘食地学习，三年寒窗，卧薪尝胆，坚持不上街，不看戏，也不回乡度假。1917年，王大鹏考取官费生留学日本，进入日本法政学校学习，主修法律、哲学和经济学。此外，还着重研究明治维新后日本社会的经济、政治飞跃发展的状况与规律。1919 年秋学成归国。1921年，孙中山领导的广东政府在全省各县举行民主选举，王大鹏以出众的才华和声望，当选为琼东县县长。任职后，尽管受到历史和社会条件的限制，但他能根据琼东县的实际情况制定了一些重要的发展规划，并逐步付诸实践，做了许多有益于人民和社会进步的工作。由于他思想倾向进步，1922年秋，由吴明介绍并经中共中央批准，他加入了中国共产党。

发展交通事业，促进社会振兴。王大鹏非常重视交通事业的建设，他在任职期间，主持建成了一批公路，如嘉海线（嘉积至海口琼东段）、嘉文线（嘉积至文昌琼东段）、嘉岭线（嘉积至岭口）、嘉福线（嘉积至福田）、嘉中线（嘉积至中原）、嘉烟线（嘉积至烟塘），并在嘉海线上建起了里草桥、山溪桥，在嘉文线上建起了三发岭桥，在嘉烟线上建起了烟塘桥，初步建成了以嘉积为枢纽的公路交通网络，改变了以往交通闭塞的落后局面。为了加快公路施工进度，他率先垂范，事必躬亲，经常到工地视察，指挥施工，有时还与民工一起挖土、打夯。他还发动各校师生在周末或假日，义务参加筑路劳动。

整顿市容，治理城镇环境，发展社会事业。王大鹏主持拆除了琼东县城的旧城墙，建造了端山和奎塔公园。他在县城前面的莲池中建起了一座八角水心亭，并自撰两副对联镌刻在亭柱上。其一是："椰拥山青，一带风光无限好；荷莲水碧，半塘花影有余香。"其二是："花红里映夕霞彩，果绿上凝月露珠。"这样，使"端山耸翠""奎塔凌霄""赵水凝香"等琼东传统风景点锦上添花。他作出规划，采用加宽街面和裁弯取直的方法，整修了嘉积的 13 条街道，使市容街貌为之一新。

兴办学校，改革教育，弘扬文化，促进社会进步。王大鹏一向热心文化、教育、体育和卫生事业。他任县长后，尽力于振兴教育，在全县范围内废除私塾，兴办平民新学校，建起了 272 所小学，基本上做到乡乡有学校。为了给各校培养合格师资，他主持创办了琼东师范学校，此外，还创办了琼东中学和嘉积农工职业学校，并亲自担任校董事长。他下令将全县各地的禾金鸭租、庙宇公醮等款项拨归学校充当经费。他大力提倡女性入学，主张男女学生同班共读，给女生以免费或收半费的照顾。在教学内容和方法上，他提倡学习新文化，学习白话文和自然科学，积极推进城乡教育，要求加强劳动教育，开展文娱体育运动。在他任县长期间，每年春秋两季都会召开全县性的体育运动大会。为了办好教育，王大鹏大胆起用年轻有为的青年人，聘请年仅 20 出头的杨善集为琼东县立第一高等小学校长，委派王文明指导新文化运动，特邀王器民指导卫生体育工作。在这些具有进步思想朝气蓬勃的年轻人的带动下，各校犹如寒寂的冬天吹起了和煦春风，万象更新，充满生机。

王大鹏主政琼东近五年，建树颇多，政绩斐然，声蜚全琼。他的施政实践，使琼东得社会革新风气在全岛之先，对推动琼东社会政治、经济、文化的发展，具有一定的积极意义。由于历史和政治条件的限制，他进行的革新具有较大的局限性。因为这种革新，既不能改变社会的经济基础和上层建筑，也不能改变旧的生产关系，其革新实质上属于改良主义性质。尽管如此，王大鹏仍然为反动势力所不容。一封封指控他是"赤化人物""危险分子"的告状信不断地呈送上去。1925年秋，琼崖统治当局悍然撤销了王大鹏的县长职务。此后，王大鹏在杨善集、王文明等的帮助下，努力学习马克思列宁主义，积极参加琼崖革命斗争。[1]

注：
　　[1]中共琼海市委党史研究室：《中国共产党琼海历史（第一卷）》，中共党史出版社，2012。

参加琼崖"一大"筹备工作[①]

1926 年 5 月,杨善集被中共广东区委任命为特派员,回琼崖指导建党工作。王大鹏跟随杨善集回到琼崖,参与筹建琼崖地方党组织……王大鹏全身心投入中共琼崖"一大"筹备建党工作。会后,他被刚成立的琼崖地委派到东路各县开展工农运动。[②]

注:

①本文为节选,题目为编者所加。

②中共琼海市委党史研究室、琼海市地方志办公室:《民选县长王大鹏的红色传奇》,《琼海通讯》2017 年 12 月 1 日。

参加上海工人运动^①

1926 年 10 月，王大鹏因鼻子生肿瘤到日本求医。病愈回国后，被党组织派到上海搞工人运动。1927 年"四一二"事变后，他只身潜回广州，以平民书店经理的身份继续进行革命活动。^②

注：

①本文为节选，题目为编者所加。

②中共琼海市委党史研究室、琼海市地方志办公室：《民选县长王大鹏的红色传奇》，《琼海通讯》2017 年 12 月 1 日。

中共琼崖特委给省委的报告[①]

（一九二八年五月二十日）

广东省委：

特委对于目前动作的计划[②]：

将中路红军一部分（张梦安带领的），向陵水发展，于最短时间帮助农民克复陵水，另派一部（二连），由王大鹏同志带领向琼东发展，帮助农民暴动；又派一部分（二连）到海口附近帮助海口暴动。西路红军驻定安者，则完全开拔回澄迈，扩大海口附近，帮助海口暴动……

琼崖特委[③]

注：

①本文为节选。

②为1928年5月3日琼崖特委扩大会议决议。

③中共广东省海南行政区委员会党史办公室、海南行政区档案馆编《琼崖土地革命战争史料选编》，广东省内部刊物登记证第103号，1987，第339页。

黄学增给省委的报告[①]

（一九二八年七月十六日）

省委：

4. 琼东最近因暴动发展，并且每次与敌人打仗都得胜利。[②]敌军从嘉积派一连去攻我们，被我们打伤、打死、生擒许多，缴得长枪成十杆，子弹千余。敌人特意枪毙两个打败仗排长，倾琼东、文昌、定安三县民团及军队来攻。我们琼东原有一连红军，不能站足，即将驳壳枪放下交县委做红色恐怖，其余尽调来万宁，琼东暴动暂时停止。

学　增[③]

注：

①本文为节选。黄学增时任琼崖特委书记。

②王大鹏带领红军帮助琼东农民暴动。

③中共广东省海南行政区委员会党史办公室、海南行政区档案馆编《琼崖土地革命战争史料选编》，广东省内部刊物登记证第 103 号，1987，第 361 页。

率领红军向琼东发展[①]

　　为了打破敌人的"围剿"，中共琼崖特委于（1928年）5月间召开扩大会议，决定发动城市暴动，尤其是海口、嘉积的暴动，城市暴动和乡村暴动互相配合，同步开展。琼崖特委派王大鹏带领两个连向琼东发展，帮助县警卫连举行暴动。[②]

注：
　　①本文为节选，题目为编者所加。
　　②中共琼海市委党史研究室:《中国共产党琼海历史（第一卷）》，中共党史出版社，2012。

任琼崖苏维埃政府副主席[1]

　　王大鹏 1928 年 4 月回琼参加武装斗争，
8 月被选为琼崖苏维埃政府副主席兼经济委
员会主任。他在苏区办起供销合作社、械弹
修造厂、医院、印刷厂等。1929 年 3 月在战
斗中牺牲。[2]

注：
　　①题目为编者所加。
　　②海南名人辞典编委会编《海南名人辞典》，中山
大学出版社，1990，第 77 页。

任琼崖苏维埃政府
经济委员会主任^①

为了解决红军反"围剿"斗争中的经济困难，琼崖苏维埃政府成立了经济委员会，王大鹏为主任。^②

注：
①本文为节选，题目为编者所加。
②中共琼海市委党史研究室：《中国共产党琼海历史（第一卷）》，中共党史出版社，2012。

苏区的 "红色大管家" [1]

在极其困难的情况下，王大鹏认真抓好乐四区的经济工作……乐四区经济工作的开展，保障了苏区的物资供给，改善了我党政军人员和人民群众的生活，打破了敌人对乐四区的经济封锁。王大鹏被誉为革命根据地的 "红色大管家"。[2]

注：

①本文为节选，题目为编者所加。

②中共琼海市委党史研究室、琼海市地方志办公室：《民选县长王大鹏的红色传奇》，《琼海通讯》2017 年 12 月 1 日。

在母瑞山根据地①

琼苏机关和红军被困守山中,生活十分艰难,粮食供给发生了很大困难。王大鹏带领红军和跟随红军进入母瑞山的民众,披荆斩棘,烧山开荒,种植农作物,进行生产自救……初步解决了母瑞山根据地军政人员的粮食问题,使我军政人员在生活上渡过了难关,在母瑞山站稳了脚跟。②

注:
    ①本文为节选,题目为编者所加。
    ②中共琼海市委党史研究室、琼海市地方志办公室:《民选县长王大鹏的红色传奇》,《琼海通讯》2017年12月1日。

指导琼东县开展工作①

　　1929 年初，敌军主力部队陆续调离琼崖，"围剿"母瑞山的兵力逐步减弱，琼苏政府适时派出干部、战士到母瑞山周围地区开展工作。王大鹏奉命带领红军两个连向琼东发展，寻找潜伏下来的红军指战员，把琼东县各地的红军和赤卫队组织起来，开展游击活动。王大鹏和琼东县委书记冯世江、县苏维埃政府主席雷永铨接上了联系。在王大鹏的指导下，琼东县委和县苏维埃政府恢复了正常活动，游击活动广泛地开展起来了。②

注：
　　①本文为节选，题目为编者所加。
　　②中共琼海市委党史研究室、琼海市地方志办公室：《民选县长王大鹏的红色传奇》，《琼海通讯》2017 年 12 月 1 日。

1929 年在战斗中牺牲[1]

是年 3 月[2]，琼崖经济委员会主任王大鹏带领部分红军到琼东、定安交界地区活动。他闻悉琼东县大礼村劣绅黎国耀从海口运回了 20 余支步枪，企图成立民团，开展反共活动。王大鹏即率红军夜袭夺枪，在顺利缴获了这批武器后，经万泉河畔的文曲墟回军母瑞山，宿营于光耀村附近的双枝岭。叛徒李诗桐夜潜嘉积国民党军营密报，国民党军当夜出动包围双枝岭，王大鹏在指挥红军撤退的战斗中牺牲。[3]

注：

①本文为节选，题目为编者所加。

②指 1929 年 3 月。

③中共琼海市委党史研究室：《中国共产党琼海历史（第一卷）》，中共党史出版社，2012。

王大鹏牺牲前的职务①

　　琼海县革命烈士共收录 2679 名，其中第一、第二次国内革命战争时期 1714 名，抗日战争时期 569 名，解放战争时期 308 名，社会主义革命和社会主义建设时期 88 名。见附表（续表 20）：

　　　　姓　　名　　　　王大鹏

　　　　性　　别　　　　男

　　　　出生年　　　　　1885

　　　　籍　　贯　　　　泮水龙阁村

　　　　参加革命时间　　1922

　　　　牺牲时间　　　　1929

　　　　牺牲前职务　　　琼崖苏维埃副主席②

注：

　　①本文为节选，题目为编者所加。原资料为图表。

　　②琼海市地方志编纂委员会编《琼海县志》，广东科技出版社，1995。

党史评述王大鹏^①

　　王大鹏一生建树颇多，他致力于社会革新，除旧布新，弘扬时代新风尚；他重视青年，奖掖人才，使琼东、乐会一度出现英才辈出、群星灿烂的喜人局面；他为琼东县的教育、卫生、交通、体育、福利、市政建设，为琼崖苏维埃政府的经济工作做出了很大贡献。^②

注:
　　①本文为节选，题目为编者所加。
　　②中共琼海市委党史研究室:《中国共产党琼海历史（第一卷）》，中共党史出版社，2012。

海南省人物志之王大鹏①

王大鹏（1890—1929），海南省琼海县泮水乡龙阁村人。1914年夏，中学毕业后考入广东书院，1917年考取官费生留学日本。在日本学习期间，除了按课程规定研读法律、哲学和经济学以外，还重点研究了明治维新以来日本社会的经济和政治状况，以借鉴外国经验来改造中国社会。1919年秋学成回国，1920年参加陈继虞领导的讨伐军阀统治的琼崖民军，担任总军需。1921年当选琼东县（今属琼海市）县长。1922年秋，加入中国共产党。在任琼东县长期间，整顿社会秩序，发展社会经济，振兴文化教育事业，革除封建陋习等，被旧势力指控为"赤色分子""危险人物"，为军阀邓本殷所不容，1925年秋被解除职务，同年冬到广州会晤杨善集。1926年初随国民革命军南征邓本殷，光复琼崖。10月东渡日本治病，12月底回国，在广州协助杨善集开展报刊发行工作。1927年（广州）"四一五"反革命政变后，被捕入狱，受尽各种审讯和严刑拷打，坚贞不屈，12月广州起义爆发后才出狱。1928年4月，回琼参加武装斗争。8月被选为琼崖苏维埃政府经济委员会主任。在革命根据地创办供销合作社、军械修造厂、医院、印刷厂等。1929年3月，在定安县双枝岭战斗中牺牲。1957年被琼东县人民委员会追认为烈士。②

注：
　　①题目为编者所加。
　　②海南省地方志办公室编《海南省志·人物志》，南海出版公司，2008。

追忆王大鹏烈士

从民主志士到共产主义战士

——王大鹏先生生平纪述

王业雄[①]

一、寒窗求索

一八九二年，海南民主革命先驱、第一任民选县长、革命英烈王大鹏，出生于海南岛琼东县（今海南省琼海市）龙阁村的一个小康农民家庭。七岁时，父亲把他送进了本地私塾念书，并为之取了学名王大鹏，字云程，意思是希望儿子自小立下鸿鹄之志，学鲲鹏翱翔万里。

开学不久，私塾里来了一位姓郭的老先生。他祖籍浙江，中过进士，当过知县，由于不满清朝腐败，耻于与贪官污吏为伍，便浪迹江湖云游到此，以教书聊度晚年。郭老先生对王大鹏人小志大、关心社会的特点深为喜爱，有心培育他成为社会栋梁之材。因此，经常给他讲"公车上书""变法维新""洋务运动"的故事，使他刚受启蒙的心灵就萌发了改革现状、振兴中华的愿望。在郭老先生的悉心教育下，王大鹏的学习成绩提高很快，思想性格更显得过早成熟。

一九一一年秋天，他辞别父母和新婚妻子，徒步前往府城，考进琼台书院求学。时辛亥革命风暴开始席卷中华大地，他在书院除了读书，还参加各种社会政治活动。暑假回乡，他还参加地方农民武装的讨袁斗争。农民武装被反动军阀龙济光镇压后，他深感自己的知识缺乏，远未适应社会的需要，于是一九一四年，他到省城广州，以优异成绩考取当时的名牌学府——广东书院。在省城求学期间，王大鹏看到洋人在祖国的土地上横行；成群的难民衣衫褴褛，沿街乞讨，他无比痛心，救国救民的愿望更加强烈。为了实现自己救国救民之夙愿，他废寝忘食地学习，三年寒窗坚持不上街，不看戏，不回乡度假。

一九一七年，王大鹏考取官费生留学日本。消息传来，乡亲们兴高采烈，奔走相告。他的爷爷更是欣喜若狂，不料乐极生悲，当晚中风病倒，几天后便与世长辞了。为了能够依期和同学们结伴东渡日本，王大鹏忍痛放弃了回乡奔丧的打算。

是年四月，王大鹏东渡日本，先在法政学校学习，后又进入日本士官学校学习。在此期间，他主要从事法律、哲学、政治经济学和军事学的研究。此外，还着重研究了明治维新后日本社会的经济、政治迅速发展的社会原因和历史规律。他如饥似渴地阅读各类书籍，以借鉴世界列强走向繁荣富强的经验，并经常与留学生们展开辩论，探讨救国真理。

"五四"运动爆发后，王大鹏积极参加

中国留学生的集会，并联名发表通电，强烈抗议日本侵犯我国山东权益。

一九一九年秋天，王大鹏学成归国。

一九一六年，广东反动军阀龙济光败退琼崖，并与其弟龙绪光策划把海南岛的矿产资源出卖给帝国主义列强。琼崖人民对龙氏兄弟的对内鱼肉民众、对外卖国求荣的罪恶行径，无不深恶痛绝。琼山县人陈继虞揭竿而起，组织一千多人的"讨龙军"，自任总司令。这支民军队伍多次袭击龙济光的军队，声势浩大。王大鹏学成归国后，曾被当时的北平政府挽留在某驻华公使馆工作。但在北平，他目睹上层官僚过着纸醉金迷的糜烂生活，非常愤懑，就任不到一个月便愤然辞职，放弃了这份俸薪优厚的"肥缺"，返回了海南，并毅然参加了"讨龙军"，直接投身于推翻军阀统治的战斗。

陈继虞赏识王大鹏的义举及才略胆识，委任他为民军总军需官，将三军粮草调度大权授予他。王大鹏与民军同甘共苦，浴血奋战，直至反动军阀龙济光、沈鸿英和蔡炳寰等相继垮台。

二、民选县长

一九二一年，孙中山领导的国民革命政府在广东全省各县举行民主选举。王大鹏以出众才干和声望，当选为琼东县县长。上任后他根据琼东县的实际情况制定了许多重要的发展规划，冲破种种阻力，刻意推行变革，做了许多有益于人民的工作。

上任头几天，他便派人在街头巷尾张贴布告，说："前人任县长叫官老爷，我做县长是为民公仆，县中应兴应革的事业，我任劳任怨，努力为之……"他将昔日视为禁地的县府衙门，向公众开放，任由老百姓参观。他特意指示县府的公务人员，不要阻拦和吆喝老百姓，要礼貌待人。前来参观的人络绎不绝。

王大鹏在任期间，成立了当时闻名遐迩的琼崖第一家汽车公司——琼益汽车公司，通过各种渠道，在岛外购进八辆汽车，发展交通事业。在他的组织领导下，开辟了琼崖公路交通网。琼东县先后筑成了嘉海公路（嘉积至海口）、嘉文公路（嘉积至文昌）、嘉岭公路（嘉积至岭口）、嘉福公路（嘉积至福田）、嘉乐公路（嘉积至乐会）、嘉烟公路（嘉积至烟塘），并在嘉海线上修建了里草桥、山溪桥，在嘉文线上建了三发岭桥，在嘉烟线上建了烟塘桥，初步形成了一个以嘉积镇为枢纽的公路交通网，改变以往交通闭塞的局面。

为加速公路建设的进程，王大鹏以身作则，经常和农工们一起挑土筑路，并到学校里发动师生利用周末假日，义务参加筑路劳动。在筑路的过程中，王大鹏碰到不少麻烦事。其中最为突出的一件，便是与地方实力派人物周仕舫的矛盾斗争。修建嘉文公路，有一段必须通过周仕舫的水田。此位省参议员极为恼怒，大骂王大鹏不讲人情，把他俩在省城同窗三年的交情抛之江河，并且扬言要把这一段公路毁掉。王大鹏耐心对他晓以大义，但解决不了矛盾。后来为了顾全大局，以使筑路工程顺利完成，只得重新改变路线，绕过周田，而对其他人家被划中的田园、坟墓等等，强行征用。因此，王大鹏遭到这些人的埋怨和责骂。有位名叫王天峰的，暗中贴书谩骂攻击王大鹏，还唆使一伙无赖，于夜间窜到龙阁村王家，将破草鞋悬在大门上，以烂馊饭混合粪便刷在门板上，并在门两旁贴上对联曰："大雨将到龙阁村，鹏难高飞自此坠。"王母经不起折腾，拄着木棍气呼呼地到县署和嘉积街头大骂儿子说："你不用当县长了，千人怨你！"王大鹏耐心开导，说服了母亲，毫不动摇地继续进行各项改革。

王大鹏另一重大政举是抓墟镇建设，修

整市容的工作。他派人拆除了琼东县城塔洋墟的旧城墙，在县城建造了端山、奎塔两座公园，又在县城前的莲塘里筑起了一座八角水心亭，并亲自撰两副对联镌刻在亭柱上。其一是："椰拥山青，一带风光无限好；荷莲水碧，半塘花影有余香。"其二是："花红里映夕霞彩，果绿上凝月露珠。"这样，使"端山耸翠""奎塔凌霄""赵水凝香"等琼东传统风景点锦上添花。

嘉积古镇历史悠久，自宋元以来已颇具规模，但街道弯曲狭窄，高低不平。王大鹏采取措施，加宽街面，裁曲取直，修建了十三条街道，使古镇嘉积焕发出年轻的风采，此举堪称开创了古镇嘉积的新纪元。于是，王大鹏便取"嘉积新纪元"之义，将其中五条主要街道分别命名为"嘉祥""积庆""新民""纪纲""元亨"。整饬嘉积镇市容的工作，触犯了一些土豪劣绅的权益。于是他们当中有寻上门来恶语中伤的，有口吐狂言进行威胁的，有携带光洋前来说情的，等等，引起了聒噪一时的嘉积"割街风波"。然而，王大鹏威武不屈，一一将这些人顶了回去，"嘉积新纪元"的街道称谓，一直沿袭至今。

王大鹏对于旧的教育制度深恶痛绝，上任后就开始致力于教育方面的改革。首先，他在全县范围内废除私塾而兴办平民新学校。他还下令将全县各地的禾金鸭租、庙宇公醮等款项拨归学校当经费。他还大力提倡女性入学，给女生以半费或免费的优待，主张男女同班同学。在学校的教学内容上，一是提倡学习新文化；二是加强劳动教育；三是开展文娱体育活动；四是建立定期军训制度。为了使改革顺利进行，王大鹏大胆起用年轻有为的进步青年。他聘请年仅二十出头的杨善集为琼东县立第一高等小学校长，委派王文明指导新文化运动，特邀王器民指导卫生体育工作。在这些具有进步思想的年轻人的领导和带动下，各处学校一改往前死气沉沉的气氛，办得朝气蓬勃。学生除了学习文化知识外，还开展各种文体活动和参加体力劳动，并且积极投身到当时的社会大革命的洪流中去。他们在各墟镇和各学校，都悬挂和刷写了各式各样的革命标语，如"男女一律平等""废除买卖婚姻制度""提倡科学、破除迷信""先天下之忧而忧，后天下之乐而乐"等口号。这些变革，在当时封建意识十分浓厚的琼东县激荡起争取自由解放的浪花。

一九二二年，为了更好地传播马列主义和新民主主义革命思想，王大鹏在罗汉和王文明等人的大力协助下，增设了琼东中学（后改为琼东师范学校）和嘉积农工职业学校。

琼东师范学校聘请吴明为校长、符传范为教务主任、黄昌炜为训育主任，这所学校培育出大批师资人才，为当时的小学教育事业做出了贡献。

值得一书的是嘉积农工职业学校。这所学校创建于一九二二年十二月，校舍以北帝庙（现琼海市嘉积中学与琼海市人民医院交界处）因陋就简整修而成。开办之初，经费困难，王大鹏不惜变卖了自家的十余亩田地和准备建私宅用的材料，筹集了两千块光洋，全部捐献建校。

此外，他还发动社会募捐，派遣罗汉、王文明等人前往南洋各地，开展募捐活动。当时，王大鹏无私无畏的声名已在华侨中传诵一时，因此，侨胞们对捐资办学一事一呼百应，纷纷慷慨解囊，终于解决建校资金问题。嘉积农工职业学校于一九二四年春正式开课。该校的培养对象是工农子弟，学员大多是来自琼东、乐会、万宁一带的贫苦人家子弟，他们除了学习文化科，还兼学政治科、工科（藤织、染织）、农科和军事体育科，实行半工半读制。王大鹏聘请了共产党人罗汉担任校长、王文明担任教务主任，他本人则出任学校董事长。他经常抽空赴校指导工作，并且到学生中间同他们一起参加劳动和文体活动，了解学生们的思想状况和他们衣食住行的实际困难。接触过他的学生都说："王大鹏县长没有半点县官老爷的架子。"

这所新型学校的创办，为社会各界注目，有赞许的，有莫名愕然的，也有仇视、诅咒的。嘉积商团团长何清雅跳出来攻击王大鹏和罗汉，并且以符去病的化名写匿名信上告他们搞赤化。一位反动地主的儿子竟然持枪威胁罗汉校长说："我们是来学校读书的，不是来卖苦力的！"反动分子们沆瀣一气，扬言要把罗汉校长驱逐出琼东县。但是，王大鹏及时发动进步学生和社会进步力量，与他们展开针锋相对的斗争，终于挫败了这伙人的阴谋，使学校继续办下去，并臻完善。

一九二六年三月八日，为纪念国民党左

派领袖廖仲恺先生，嘉积农工职业学校改名为琼崖仲恺农工学校，该校为琼崖地区的革命运动培养了一批骨干力量。

一九二五年四月，琼东中学举行该校校刊创刊号出版庆祝大会。王大鹏出席大会，并向师生们作了热情洋溢的讲话，还即兴赋诗一首（见前文《祝辞》），以资勉励。

在发展文化教育事业的同时，王大鹏还采取严厉的措施，清除封建迷信。他下令禁止卜卦算命、看相看风水、求神拜佛等活动，并且亲自带人将县城盂兰庙里的木偶神像统统焚毁。封建迷信分子对于王大鹏的行为虽然恨得咬牙切齿，但又无可奈何。有一位自诩法术高超的神棍，眼见门庭日渐冷落，饭碗难保，不禁垂头丧气地说："神明在县长面前也无法显灵了。"

王大鹏在用人上任人唯贤。他任命共产党员徐成章为嘉积警察局局长，以加强社会治安。当时的琼东县，由于社会复杂，匪患四起，王大鹏为了保护人民生命与财产的安全，在县城设置治安总团，由符功桓任团长，组织了年轻团兵一百二十人，到石坑仔等地围剿林善初、林树标等匪徒。经过多次伏击和连续追剿，县内各处匪患基本平息。在王大鹏执政期间，一度出现连偏远山乡也夜不闭户的安定局面。

为了更好地传播马列主义和宣传新文化，王大鹏于一九二四年在嘉积镇用自家祖置的铺宅，开设了一所当时闻名全琼的文化书局，专门出售各种进步书籍，如《新青年》《现代青年》等杂志和中小学教科书。他还亲自到上海带回一批马列著作，如《共产党宣言》《资本论》最初就是通过文化书局流传于琼崖各地的。

文化书局的后屋是一座小骑楼。这里一度是琼崖地区共产党人早期活动的秘密据点，杨善集、王文明、罗汉、雷永铨、陈秋甫等人多次在此聚会。他们往返于各地进行活动，也都以这里作为中转站和联络点。文化书局实际上成了琼崖早期革命者的庇护所。王大鹏一九二九年牺牲后，国民党反动派曾经一度查封了文化书局，时间长达十年之久，直至一九三九年（琼崖）国共合作，琼崖抗战全面爆发，国民党当局才将文化书局房产权退还王大鹏家属。

王大鹏在县长任上的一系列活动，引起反动势力极度恐惧和仇视。社会上的封建守旧分子和国民党右派都将王大鹏视为眼中钉、肉中刺，一封封指控王大鹏是"危险分子""赤化人物""定时炸弹"的信件不断上送。一九二五年秋，琼崖当局下令罢免了王大鹏琼东县县长一职。

三、献身革命

卸任后，王大鹏奔赴广州，会晤刚从莫斯科东方大学学习归来任共青团广州地委书记的杨善集。杨善集一九二一年出任琼东县立第一高等小学校长后不久，在王大鹏的支持下，又考进广东公路工程学校，王文明也考进上海大学预科。这两位革命青年皆出身贫穷，王大鹏不惜变卖金表等物资助他俩继续求学深造。这事曾在琼东县一时传为佳话。对既是恩师又是朋友的王大鹏的到来，杨善集十分高兴、格外热情。在杨善集的帮助下，王大鹏系统地学习了马克思和列宁的著作，了解了当时的革命形势，对中国革命的性质和任务加深了认识，因而决心投身到中国共产党领导的革命洪流中去，要求加入中国共产党。一九二五年冬，王大鹏由杨善集介绍，在广州加入中国共产党。（经党史部门考证，入党时间应为1922年秋）至此，他由一个具有民主激进思想的进步人士，成长为一名共产主义战士。

一九二六年初，盘踞在琼崖地区的军阀邓本殷被国民革命军打败后，王文明、冯平、何毅、符向一等一批共产党人相继返琼，筹建中共琼崖地方委员会。

五六月间，王大鹏回到海南岛。不久，杨善集以中共广东区委特派员的身份也回到海南岛。同月，善集在海口市竹林村秘密召开党的会议，正式组建中共琼崖地方委员会。与会者有杨善集、王文明、王大鹏、徐成章、许侠夫、冯平、黄昌炜、何毅和柯嘉予等人。

会议夜以继日地研究琼崖革命斗争的策略，大家都熬得眼睛通红，眼窝深陷。当时，由于党组织经费不足，他们吃的几乎顿顿都是咸虾熬稀饭，生活非常艰苦。但王大鹏始终充满革命的乐观主义精神。他成天忙着看书和起草文件，却不时愉快地哼上几句琼剧唱词，整天乐呵呵的。杨善集笑着问他：为何当不成县太爷还如此乐观？他说："当县太爷时是孤身苦斗，现在是在党的怀抱里工作，我怎能不痛快？"

会议期间还有一段趣事。当时，参加这

次会议的革命者有不少人携带夫人前来。在封建社会里，妇女遭受的压迫深重，很多妇女只有姓氏，连取个名字的权利都没有。王大鹏倡议说，要解救广大妇女于水火，要组织她们参加革命斗争，首先要让每个女人有个堂堂正正的名字。大家齐声赞同，并让王大鹏首先给杨夫人起名。王大鹏略一思忖，说："杨善集同志是我们琼崖党组织的负责人，他的夫人当然便是我们琼崖的第一夫人了。我看杨林氏取名'林一人'。这个大名笔画少，也好记好认。"杨善集也说："王县长的夫人我取妇女力量浩大如江流汇集之义，就叫'何十川'吧！"从此王大鹏夫人"何十川"之名，一直沿用到今天。

竹林村会议后，革命志士便分散到各地，发展工农运动。

一九二六年十月上旬，王大鹏因病再次东渡日本求医。十二月底病愈回国，在广州工作。为了便于养病，党派他到农讲所短训班学习。年末，根据工作需要，党组织又派遣他到上海搞工运。

一九二七年四月十二日蒋介石叛变革命，疯狂捕杀共产党人，上海在一夜之间变成了一个血腥的世界。王大鹏遭敌人悬赏通缉。为了避开敌人的追捕，他只身潜回广东，在广州以平民书店经理的身份继续进行地下活动，但由于叛徒苏启望的出卖，王大鹏落入敌人的魔掌之中。

王大鹏被囚禁在国民党广州市警察局监狱，受尽严刑拷打。党组织千方百计地设法营救。先是利用王大鹏与陈策将军的关系，派人找陈策将军担保。陈是孙中山义子，琼籍国民党要员，他竭尽全力从中周旋。然而担保却未获结果。原来，敌人早把王大鹏视为琼崖"匪祸"首要，难以保释。第一步营救计划失败后，党组织又采取第二步措施，暗中指示王大鹏伪装疯癫，以蒙骗敌人。王大鹏在狱中依计而行。他脱光衣服，用粪便、烂香蕉混合黄泥，蘸抹在身上，一时臭气熏天，引来了无数苍蝇蚊虫，成天围着他嗡嗡地乱叮乱咬。数日后，敌人以为王大鹏病重已极，留在狱中已无价值，就叫两位狱卒用草席将他包裹起来，抬到郊外掘坑活埋。而这两位狱卒早已被我地下党买通，他们只将王大鹏扔在荒野上，就悄悄地溜走了。时暮色已浓，早已秘密等候在此的我地下党人，马上拿出准备好的衣服让王大鹏抹干身子后穿上，然后把他藏在一只大木箱里，由两位同志抬上黄包车直奔广州火车站，准备让他连夜逃往香港。但是，就在即将越境脱险的时候，碰上了两个老奸巨猾的敌稽查员。这俩家伙以为大木箱里必是大有油水的走私物品，一定要打开检查。就这样，王大鹏出逃后又被捕，重新投入监狱。直到一九二七年十二月十一日，在广州起义的炮声中，他才被救出狱。

出狱后，王大鹏在组织的帮助下，经香

港取水道返回海南，进入琼崖乐会苏区，重新投入战斗。

其时，琼崖革命正处在低潮时期，白色恐怖笼罩大地。一九二七年底至一九二八年春，琼崖党的领导人杨善集等同志先后牺牲，革命遭到了严重挫折，形势空前严峻。革命队伍中的意志薄弱者产生了悲观失望情绪，对革命前途丧失了信心；有人当了逃兵；甚至有人携械投敌，当了可耻的叛徒。而王大鹏继承战友杨善集等同志的遗志，继续坚持革命斗争。

一九二八年二月，中共琼崖第二次代表大会通过了关于成立琼崖苏维埃政府，发展县、区、乡苏维埃政权的决议。王大鹏和王文明等首先在乐会、琼东两县开展筹建苏维埃政府的工作。

一九二八年三月初，国民党为消灭琼崖革命力量，调蔡廷锴部来琼"剿共"，计有二十八、二十九、三十团和独立团，共三千余人。乐会、琼东两县苏维埃政权筹建工作，由于形势恶化被迫停止。琼崖特委根据当时的形势决定，由张梦安带领中路红军一部向陵水进发，由王大鹏率东路红军的一部向琼东进发，另派一部分红军向琼山进发，以牵制敌人的兵力和发动农民暴动，相机在运动中杀伤敌人的有生力量，力争反"围剿"斗争的胜利。

琼东县嘉积市历来有琼崖第二重镇之称，在政治、经济、文化、交通等方面具有重要的地位。大革命时期，王大鹏和杨善集、王文明等人曾在此地传播革命火种，创办学校，培养了一批革命骨干，打下了良好的革命基础。这一次王大鹏率领红军挥师琼东，在嘉积的民众中引起很大的震动。为了壮大红军力量，王大鹏大力发动群众，收集枪支，扩大红军队伍。群众很快被发动起来，出钱、出粮、出枪支持红军，有不少人加入红军队伍。一时间，红色风暴席卷琼东。蔡廷锴急令三十团团长刘占雄"督率所部，驰赴琼东、乐会、万宁、陵水等县"。刘占雄以嘉积为大本营，向东路各县根据地不断发动军事"围剿"。三月二十八日，刘占雄率三十团第一营全部及特务连、机关枪连、嘉积商团共六百余人大举进犯乐四区革命根据地。在琼崖特委的领导下，王大鹏协助王文明同志，指挥装备明显处劣势的我军，抗击着气势汹汹的来犯之敌。敌少则歼，敌多则避。经过大大小小几十次战斗，终于粉碎了敌人的进攻，取得了反"围剿"的胜利。

与此同时，为了解决琼崖红军队伍在反"围剿"斗争中的经费困难问题，王大鹏派遣王植三同志带领武装工作队在万泉河上游的西岸、石壁附近的两岸征收木排税，每年可收三千块光洋。

八月十二日，中共琼崖特委在乐会县第四区高郎村召开琼崖第一届工农兵代表大会，成立了琼崖苏维埃政府。王大鹏被选为琼崖苏维埃政府副主席兼琼崖苏维埃政府经济委员会主任，负责苏区的经济工作和生产事务，筹划红军的物资给养供给。在王大鹏的具体领导下，根据地建立起供销合作社、械弹修造厂、医院、印刷厂等。为了把有限的经济收入用于革命战争，他还制定了一套统一的财务收支制度，严格执行预算；并规定区、乡级的工作委员和农民一样，每人分得一份土地，参加生产，自食其力。九月至十一月间，敌人又对我根据地进行了疯狂的反扑。十一月间，中共广东省委召开扩大会议，确定"以城市为工作中心"的错误方针，同时认为琼崖红军反"围剿"受挫的原因是城市工运、兵运工作没有搞好，解除了王大鹏的军事指挥权。十二月初，黄学增率领琼崖特委机关部分北撤海口。同月中旬，琼崖苏维埃政府主席王文明在王大鹏的提议下，召开会议，决定坚持农村革命根据地斗争，开创母瑞山根据地。会议结束的当天晚上，王文明、王大鹏、何毅、梁秉枢及琼苏政府秘书长罗文淹、委员王业熹等，率领红军及附属机关共六百余人，在夜色掩护下，粉碎敌人的前堵尾追，经石墩岭横渡万泉河，然后沿着羊肠小道经石虎岭、马鞍岭进入母端山。

四、壮烈捐躯

一九二九年三月，蔡廷锴部缩编离琼，敌在琼力量大大减弱。王大鹏指挥红军抓住时机，打击敌人。

有一天，王大鹏率领部队在琼东、定安两县交界地区活动时，遇上一位到定安岭口墟贩卖土姜的族中侄子。侄子看见他衣衫褴褛、满脸胡子的模样大吃一惊，对他这位"县太爷"上山当共产党大惑不解。王大鹏语重心长地对侄子说：只有共产党才能救中国，干革命走的才是光明大道。临别时他又对侄子说："请回家告诉乡亲们，我们将欢聚在革命胜利的那一天！"

王大鹏上山打游击的消息，悄悄在他的家乡传开了。他的老母闻悉日夜担惊受怕。老人家由于过分担心忧虑，不久便离开人世。王大鹏舍家为民的义举使广大民众深受感动，受他的影响，龙阁村有几十个人先后走上了革命道路。

三月下旬，王大鹏得到准确情报：琼东县大礼村土豪劣绅黎某从海口运回了二十余支步枪，阴谋纠集喽啰组织反共民团。王大鹏当机立断，率领红军二排战士，乘夜远袭大礼村。下半夜，红军到达大礼村，出其不意地冲进黎家大院，不损一兵一卒，不费一枪一弹，缴获了这批武器。随后，王大鹏带领队伍返回母瑞山。不料，途中被叛徒李诗桐发现，密报嘉积敌营。国民党嘉积驻军倾巢而出，乘着夜色偷袭红军宿营地——定安县光耀村附近的双枝岭（今属琼海市）。由于敌众我寡，加上红军中缺少战斗经验的新战士居多，红军伤亡惨重。为了保存革命力量，王大鹏决定，由他率领十余位同志打掩护，其余同志相机突围。只见他大喊一声："革命不怕死，怕死不革命，同志们跟我冲啊！"话音未落，他一跃而起，带领战士们向敌人进行反冲锋，一时把敌人压了下去。趁此机会，郭儒灏等多数同志突出了重围。很快，敌人又重新发动进攻，双枝岭四面都响起敌人的冲锋号。王大鹏沉着指挥战士们占领了一座古庙抗击敌人，战斗坚持到黎明，红军战士大部分牺牲，王大鹏带领剩下的几位战士冲出敌人的包围圈，但敌人紧紧咬住不放。不久，几位战士相继牺牲，王大鹏也不幸右臂中弹负伤。他退至一处二米高的断崖下，挣扎着向上攀登，但几次都因手臂伤痛乏力而滑落下来。敌人很快追至，向他射击。王大鹏壮烈牺牲，时年仅三十七岁。

王大鹏牺牲后，敌人割下他的首级，轮流悬挂于琼崖仲恺农工学校和文化书局的门前，后又运往海口国民党镇守使公署等处悬挂，予以"示众"。②

注：
　　①王业雄，王大鹏之子。
　　②王业雄：《从民主志士到共产主义战士》，载海南省政协文史资料委员会编《海南文史资料（第四辑）》，三环出版社，1991，第137-157页。

王大鹏与琼师[1]

陈锦爱

王大鹏于 1885 年出生于琼东县龙阁村，1914 毕业于琼崖中学堂，之后到日本留学，1919 年学成回国。1921 年，孙中山先生领导的广东省政府在全省举行民主选举，王大鹏当选为琼东县第一任民选县长，至 1925 年秋卸任，近 5 年。他任县长之时，正值五四运动之后，提倡科学与民主的新文化运动风起云涌。他顺应历史发展潮流，致力倡导和发展文化教育事业，多有建树。其中堪称为首功者，便是创办了琼东中学（琼师的前身）。

王大鹏大力发展小学教育，为琼东中学的创建奠定了坚实的基础。时任琼东县教育局局长的吴锋文曾撰文说："琼东僻处海隅，风气晚开，兼以幅员偏小，地瘠民穷，向来教育事业，鲜有进步。自民选县长王大鹏，厉行民治，对于兴学一端，特别注意。遂出数十校激增至数百校，蓬蓬勃勃，颇呈佳象。"1923年琼东县署史料称："据计，全县初小校有数百间，高小校十有余间。"小学教育的迅猛发展，既迫切要求开办中学教育，为其优秀毕业生提供深造机会，又强烈呼唤开办师范教育，为小学培养合格师资。因此，创办一所含师范班的中学，在当时已是水到渠成的事了。

王大鹏顺时应势，决定"毅然从事筹设琼东中学"。当时有人持异议，说什么"地小民穷，难于举办"。王大鹏回答说："'难'之一字，唯为愚人所用之字典有之。"王大鹏给琼东中学定位为"此校为全邑最高学府"。

王大鹏亲自为琼东中学解决师资、经费、校舍等方面存在的实际困难，为学校顺利开办创造条件。他求贤若渴，热心罗致人才，多方为学校物色教师。如罗汉、吴明、陈骏业、黎宗铄、符传范、黎宗黔、孔复初、施传德、蔡春晖、杨祚汪等学有所长、专业造诣较深的教师都是王大鹏亲自上门，从省立六师、省立十三中及《琼崖旬报》等单位聘请来的。王大鹏决定，将原第一高小的校舍及在各地的房产、田产全部划拨给琼东中学。从1923年至1925年，王大鹏先后决定将琼东县市场租的三分之一，生猪出境捐、嘉积市栏租、海龟捐、祠庙捐、嘉积花筵捐收入拨给琼东中学作为办学经费。王大鹏还两次发动全县性的募学活动，为琼东中学筹资，他个人捐资二千元(光洋)。经过三年的建设，学校初具规模，有教室7间、办公室6间、师生宿舍46间，图书室、仪器室、体育器械室等设施一应俱全。王大鹏曾感慨万千地说："试观是校此数年间，惨淡经营，更有今日，何难之有！琼东中学不愧为一邑教育楷模也。”

综上所述，王大鹏确是琼师的奠基者和创始人。今日之琼师，楼台亭阁，校园文化设施及长城、金水桥等人造景点遍布全校，但没有一处冠王大鹏之名的纪念设施，诚可惜也！②

注：

① "琼师"指琼海师范学校，即今海南软件职业技术学院。

②陈锦爱：《王大鹏与琼师》，《琼海市报》2001年9月25日。

王大鹏割街[①]

陈鹤亭

嘉积镇原先的街道，像条羊肠小路，集市日行人拥挤，行走不便。1923—1924 年，王大鹏倡议商民，将原铺地退缩二至三公尺（1 公尺=1 米），重建铺宇，使街道加阔，有利商民集市。但遭到商贾和士绅的反对，以"伤财谷"[②]为名鼓动商民抵制，王大鹏便将自己的旧铺地拆毁，后退几公尺，建起新楼房一间，并以"文渊阁书局"的招牌，开一间书店门市。嗣后，商民沿此连年陆续割街（即今之原街道）。[③]

注：
　　①割街，查当年商民称改街道为割街。
　　②琼东县学报曾以"伤财谷"之字写过一篇文章，抨击当时的守旧派；明新琼剧团也以此内容，代名写

过琼剧《伤财谷》并上演。这对当时王大鹏的建路、割街是起过鸣锣开道的作用的。

③陈鹤亭：《王大鹏割街》，载政协琼海县委员会文史资料研究委员会编《琼海文史（第三辑）》，1990。

嘉积新纪元

王林兴

嘉积，地处海南岛东部，是琼海市政治、经济、文化的中心。嘉积新纪元，指的是嘉积市嘉祥街、积庆街、新民街、纪纲街、元亨街5条街道，说的是嘉积市几代人相传的美好故事，寄托着嘉积人的感恩和思乡之情。

民国十年（1921年）春，广东推行民选县长改革，王大鹏被选为琼东县县长。俗话说："新官上任三把火。"他上任后，尽职尽力，推行社会改革，发展各项事业，做了许多有益于人民和社会的事情。特别是在办学、修路和治安方面，成绩斐然。正如他在1925年重印的《琼东县志》序中所写的那样："鹏自被民选为桑梓服务，四年于兹。几百事宜，在在待举。如学校，如路政，先所必先，急所必急。加以地方久乱，事每掣肘，又值年大凶荒，事尤棘手。"这里暂不说办学，也不表治安，只讲路政。

据史料记载，1922年，广东省在海南设立琼崖公署公路分处，开始大规模建设环岛公路。工程分三期，第一期为1922—1924年，东路修建海口至嘉积135千米。王大鹏抓住这个千载难逢的机遇，积极配合琼崖公路分处修建公路，当年就贯通了嘉积至海口、文昌的公路。同时制定了琼东县公路建设的规划，得到全县民众的支持，特别是华侨和商家的积极响应，在县内掀起公路建设热潮。乡村道路规划到哪里，沿路的民众就会主动筹钱出工，积极参与修路。如有些线路资金实在困难，王大鹏就通过出钱修路者可收过路费返利的办法解决。经过几年努力，打通连接嘉积的乡村道路，形成以嘉积为枢纽的全县公路网络，琼东县的乡村道路建设，为全琼崖之冠。

对于嘉积的街道建设，王大鹏则亲自参与规划，督导施工。有道是："名不正，则言不顺。"王大鹏想到嘉积街道经过整治扩建，市容市貌整洁美观，将带来城市繁荣，百姓安居乐业，便给5条街道起名嘉祥、积庆、新民、纪纲、元亨，把街名第一个字连读是"嘉积新纪元"，意指通过街道建设，嘉积新的历史开始了，将给父老乡亲带来新的生活。"嘉积新纪元"街名，反映了王大鹏用心之妙的主政思路。嘉祥，乃嘉美祥瑞之意，意在福泽民生。明朝唐顺之《廷试第一道》云："大抵政善民安则嘉祥生。"积庆，即做人行善积福，则喜庆事接踵而来。新民，意在教育民众，开发民智，教民向善，使民更新。纪纲，指治理有纲领、有法度，纲举目张，社会稳定。元亨，喻开端通顺，开门大吉。

对嘉积街名，新民街的汤集兴有独特见

解，他认为这是一副对联。上联"嘉积新纪元"；下联"祥庆民纲亨"；横批"五德街"。真是"一言点醒梦中人"。我原来一直想不明白：是谁把卖鸡的"鸡行"改名"五德街"？是不是王大鹏起名"五德街"的呢？汤集兴的见解提醒了我。经查阅资料，"五德"这个名词产生于战国时期，是阴阳家邹衍用"金、木、水、火、土"五行相生相克的原理揭示历史发展规律，形成的"五行"理论，也称"五德"之说。然而，古代人更多把"五德"理解为品德，即"德行"。圣人孔子把"温、良、恭、俭、让"谓为"五德"，军事家孙子和曹操把"智、信、仁、勇、严"定为将军必备"五德"。此外，古人还把"五德"比作鸡的五种特征，谓鸡有文、武、勇、仁、信"五德"。据《韩诗外传》卷二："君独不见夫鸡乎？首戴冠者，文也；足傅距者，武也；敌在前敢斗者，勇也；得食相告，仁也；守夜不失时，信也。鸡有此五德，君犹曰瀹而食之者，何也！"唐代诗人白居易也把鸡称作"五德"，诗曰："一声警露君能薄，五德司晨我用多。"（《鸡赠鹤》）由此推想，正因为鸡有"五德"，为传承中华传统文化，王大鹏把"鸡行"改名"五德街"。在对联结构中，横批指的是对整副对联的主题内容起补充、概括、提高作用。王大鹏把"五德街"作为横批，其用意是在开创嘉积新纪元过程中，要提倡"五德"精神，培养"五德"之人。也就是说，嘉积人要具有"文、武、勇、仁、信"的精神品质。今天，我们应给"五德"注入新的内涵，使之融入社会主义核心价值观，发扬光大，振兴嘉积！

　　需要商榷的是，很多文章都说王大鹏将嘉积十三行（街）改建成 5 条街道，然后起名"嘉积新纪元"。按这种说法，为什么土生土长的老嘉积人小时候不知道有十三行（街）呢？如数"行"，却不止 13 行：米行、鸡行、猪仔行、铁锅行、打铜行、槟榔行、鱼行、豆仁行、车行、粮行、糟供行、油行、盐行、竹器行、木行、牛车坡行……而改建后嘉积有 7 条街道，即嘉祥街、积庆街、新民街、纪纲街、元亨街和溪仔街、五德街（环市街是 1927 年修建的）。显然"十三行"与"5 条街"的数字对不上号。若论行业，自唐代以来社会主要行业统称 36 行，反映当时的社会行业分工，后来民间延伸为 72 行或 360 行分类之说，故 36 行不是实指，是虚指，是一个概数，形容很多的意思，并没有"十三行"之说。若是套用广州"十三行"称谓，那也是不准确的。广州"十三行"系从康熙年间到鸦片战争前，广州官府特许经营对外贸易的商行，因经营的是洋货，人们称"洋行"；由于初时招募了 13 家较有实力的商行，代理海外贸易业务，故称为"十三行"，而实际参与经营的商行超过 13 家。后来，"十三行"只是广州一条街道名称。故我认为嘉积"十三行"（街）的说法是后人望文生义，凭空杜撰的。

那么,嘉积的街名到底怎么来的呢?明初建集市时,市井不大,仅几条简陋的街道,人们便按地理位置称呼街道:纪纲街地势高,叫"上街",嘉祥街地势低,叫"下街",积庆街连接纪纲与嘉祥街叫"横街",新民街叫"下市"。明末清初,随着商业发达,市区扩大,人们又按行业来称呼街道,如"下街"改称"铁锅行""车行"等。民国后,又将"打铜行"改称"太平坊","鸡行"改称"高第街","铁锅行""车行"合称"镇源街"(即嘉积成市第一街之意)。到王大鹏扩路时,街道名称又变成了"嘉积新纪元"。可见,仅从"下街"改"车行"改"镇源街",再改为"嘉祥街"看,说明"十三行"(街)改"5条街"的说法,是不符合历史事实的。如今,我们习惯使用的还是老街名,与人们交谈,只要是不懂"上街""下街""横街""下市",就知道他不是老嘉积人。

随着嘉积街道的成功改造，街道扩宽，道路拉直，路面平整，市容、市貌焕然一新。据嘉祥街庞氏兄弟（庞道炯、庞道金、庞道强）回忆：父亲（庞业初）曾说当时的街道只有二三米宽，自家的房子在街道中间位置，是民国初期"割街缩回"（即拆掉前面的房子），剩下不到 10 米长。在政府的主导下，原有的商户纷纷改建楼房铺面，海外华侨不断汇款回乡置地建房，甚至有些华侨亲自携款回乡建房定居开铺。正是"出国赚钱，回家置业"，华侨带回来的大量资金加快了城市建设，具有南洋建筑风格的骑楼建筑一栋栋拔地而起。

骑楼，指建筑物底层沿街面后退且留出公共人行空间的建筑物。即骑楼是城镇沿街建筑，上楼下廊。骑楼下廊，即人行道，嘉积话叫"门脚距"。骑楼既表现了华侨洋为中用和开放意识的创造性思维，又体现了骑楼优越的适应海南热带气候功能特点。它挡风雨侵袭，遮炎阳照射，形成凉爽环境；人在骑楼下，自在闲适，纳凉聊天，交流信息，温馨亲近，更有小孩玩耍的空间。夏夜凉眠，我们就睡在"门脚距"里。骑楼具有更突出的商业实用性，即楼上住人，楼下做商铺。嘉积骑楼宽度一般为3～5米，纵深10米至几十米。房子高度多为二层楼，也有三层的。二楼正面墙体为青砖墙，房子与房子之间合墙合柱，方形柱子粗大厚实，柱廊相连，骑楼相依，立面统一，连续完整，中西合璧，多元共存，形成了独特的骑楼建筑风貌。嘉积的骑楼集中在"嘉积新纪元"5条街，连成一片，好似"耳"字形（去掉下面一横），方圆约1平方千米，构建了完整的商圈。

骑楼建筑带动了嘉积商铺的发展，促进了集市贸易的空前繁荣。1924年，嘉积的铺号已达100多家，除经营传统的生活日用商品外，由华侨主导的进口商品源源不断地进入嘉积市场，如钢筋、水泥、木材、布料、针织品、汽油、煤油、单车、缝纫车等琳琅满目。特别是由于环岛公路和乡村道路的贯通，市区街道加宽，侨商王大彦从美国进口14辆汽车，在嘉积经营汽车运输业；琼益公司也从美国进口福特大汽车24辆、小汽车2辆在嘉积投入运营，使琼东的运输业跃上了新的台阶，加快了物流，促进了商贸业发展。这在以牛车运输为主的年代，是难以想象的。抗战时期，嘉积许多店铺被日本侵略者烧毁，市民流离失所。战后，逃离嘉积的市民先后重返嘉积，维修房屋，开店经商，使商业贸易逐渐恢复起来。据史料记载，嘉积解放时，有铺户850户，经商人数3200多人，其中华侨、侨眷占40%。

整体而言，王大鹏主政琼东5年的市政建设，奠定了嘉积市政后来发展的基础。"嘉积新纪元"5条街，撑起了嘉积的新辉煌。人们不应忘记王大鹏，既不能曲解"嘉积新纪元"，更不能篡改历史否定他的功绩。

可是，不久前阅读一篇官方文章，发现把"嘉积新纪元"写成"嘉积的新纪元"，虽一字之差，却谬以千里，意思全变了。此外，我在查阅有关史料时，发现"嘉积新纪元"的建设时间不一，难以分辨。作为外地文人，笔误是可以理解的，嘉积毕竟是个小地方，知者不多。但本地的专家权威，论述前后矛盾，出现明显的时间误差，实属不该。王大鹏是1925年秋迫于守旧势力的反对，辞去县长职务的。如果说"嘉积新纪元"是1926、1927年甚至1931年建成的，那么，王大鹏主政琼东时建设"嘉积新纪元"，只是一个美丽的传说了。

不过，我发现专家权威的主要依据是，1926年4月，国民党召开琼东县第一次代表大会，有代表提出"嘉积市应辟马路案"，因而否定王大鹏建设"嘉积新纪元"。对此，我有不同看法。经查阅琼崖公路史和琼侨史，1922年嘉积至海口通车；1924年嘉积侨商进口汽车经营运输业；1925 年前修建溪头至溶沐的万泉河汽车轮渡码头，同时修建新民街至溪头公路。显然，1926 年前嘉积市街道扩建已经完成，否则汽车无法行驶。而代表提出的是"辟马路"，不是"扩街道"，两者的概念是不同的。事实是万泉河汽车轮渡码头通车后，汽车从嘉祥街和新民街的闹市区经过，造成交通堵塞，影响做生意和民众生活，老百姓要求新开辟马路，供汽车行驶。因此，1927 年开辟了汽车专用马路——环市街。综上所述，我认为"嘉积新纪元"是王大鹏主政琼东时提出并建成的。

地名是基本的社会公共信息，也是重要的文化形态和载体，承载着人类文明发展的历史，是国家和民族历史的见证、文化的记忆、情感的寄托、乡愁的根脉。我国地名文化资源内涵丰富，是 5000 年中华文明的重要组成部分。有的地名映衬着美丽中国的壮丽山川，有的地名寄托着人们祈盼吉祥的美好愿望，有的地名彰显着和谐礼让的传统美德。因此，由"嘉积新纪元"街名构建起来的历史街区是属于嘉积的城市记忆，是文化的载体，兼具有文脉和功能上的双重含义。一般而言，老的历史街区在发展变革时代总是要从成熟走向衰落。在这个转折过程，如何及时抢救，保留一点过去时代的城市片断，让发生过的历史故事和历史事件留下某些空间证物，进一步提高城市的品位和底蕴，这些都值得我们深思。"嘉积新纪元"是嘉积镇的一张历史名片，它承载着厚重的历史文化，寄托着人们对美好新生活的期望，包含着嘉积人对王大鹏先生的怀念。我们要珍惜和保护"嘉积新纪元"这张名片，让它重放光彩。[1]

注：

[1] 王林兴：《嘉积乡愁》，南海出版公司，2016。

琼崖建党初期的王大鹏[①]

赖永生

1921 年 11 月，被遣返回国的勤工俭学学生在香港登岸。对今后的行动，大家约定：由陈公培（是 104 人中唯一的中共党员）领着李立三、蔡和森去上海寻找陈独秀，鲁易、罗汉等在广州等候，一俟他们与国内的党组织接上关系，便回来召集大家一起投入革命斗争。

1922 年初，陈公培接受中共中央派往琼崖开辟工作的任务，由沪返穗。安置了其他人后，他与鲁易、罗汉随即开赴琼崖。他们到琼后，在琼山、海口、琼东等地学校以教书掩护地下工作，很快同已在琼崖的中共早期党员毛孟屏和琼崖的先进分子徐成章、徐天柄、王器民、王大鹏等人结合起来。大力宣传马克思主义，发展党团员，领导开展工人运动，创办农工学校培养革命人才，为琼崖中共党组织的建立准备了充分的条件。

以学校、报刊为阵地，宣传马克思主义，为琼崖共产党组织的建立在思想上做了准备。陈公培、罗汉到琼崖中学，鲁易到广东省立第六师范学校。他们深入青年学生中去，和学生们交朋友，向学生们宣传马克思主义理论和革命思想，提高青年学生的思想觉悟。

陈公培、鲁易、罗汉积极参与编辑由徐成章、冯平、王器民等人于 1920 年在海口筹办的《琼岛日报》和《琼崖旬报》，宣传新文化、新思想。罗汉、鲁易皆担任过《琼崖旬报》的主编。他们以《琼崖旬报》为阵地，积极介绍"新潮流的文化"、马克思的《资本论》和"欧洲社会主义学说"，"鼓吹革命，反对封建，反对土豪欺凌贫苦百姓，宣传破除迷信，提倡男女平等，婚姻自白"。

《琼崖旬报》坚持了将近三年，后由于军阀邓本殷的查禁而停刊，但却在群众中产生了积极的影响。

同时，他们还和琼崖的先进分子徐成章、徐天柄、王器民、王大鹏等，在海口等地举办书报巡回阅览社，把革命书刊送到广大群众中去，在嘉积镇建立文化书局和开办平民书店，经销宣传马克思主义和其他进步思想的书报，扩大了马克思主义和新文化的宣传。正是在他们的积极工作下，许多青年学生开始接受马克思主义，走上革命的道路。

马克思主义理论和革命思想在琼崖的传播，引起了反动军阀邓本殷的恐惧。1923年下半年，反动军阀邓本段下令取缔学生运动，强迫解散琼崖学联，迫害进步教师和学生。许多先进青年纷纷离琼到北京、上海、广州等地寻求发展。这些先进青年在各地经过更深地学习马克思主义理论，思想觉悟进一步提高，并先后加入了中国共产党。杨善集、冯平、徐天柄被党中央选送苏联留学。杨善集回国后，成为广东青年运动的领袖。他们在各地广泛地团结琼崖革命青年，成立革命团体，创办革命刊物，进一步传播马克思主义理论和革命思想。

开展建团、建党活动，发展党团员，领导工人开展运动，促进马克思主义与工人运动相结合，为琼崖共产党组织的建立在组织上做了准备。陈公培、鲁易、罗汉和琼崖的先进分子，在积极传播马克思主义和革命思想的同时，还进一步把革命理论宣传与组织发动群众结合起来。1922年上半年，鲁易、罗汉、李实、徐成章、徐天柄等在海口等地建立了社会主义青年团琼崖分团，在琼崖学联和琼崖青年互助社积极开展活动，领导和发动青年联合各界，开展了一场反对日本掠夺西沙群岛资源的斗争。同年秋，经陈公培请示中共中央同意，吸收罗汉、鲁易、王文明、徐成章、徐天柄、严凤仪、王器民、王大鹏等十多名先进分子入党，加强了党在琼崖的活动力量。

他们除了在先进知识分子和青年中开展工作外，还深入工人中去，了解工人的生活情况，开办工人夜校，向工人传播马克思主义理论，提高工人的思想觉悟。鲁易、徐成章在海口发动并帮助工人改组原来的海口工人互助社，建立新的琼崖总工会。参加工会的有店铺工人、民船工人、鞋业工人等，约数百人。工会成立后的工作，开始主要是关心工人生活，尽可能帮助工人解决困难，并办工人夜校，通过宣传教育，提高工人的文化水平，启发和提高工人的政治觉悟，加强工人团结；同时办工人讲习所，培训基层工会的骨干和青年工人积极分子，充实基层工会的领导力量，逐步把工人引导到反抗压迫、争取解放的政治斗争中来。

此外，党、团员还通过学联和青年互助社，发动广大青年学生利用暑假、寒假，组织宣传队，深入工人、农民中去，创办工人、农民夜校和中午上课的平民学校，义务教工人、农民学习文化，向工人、农民宣传革命理论和科学文化知识，组织群众开展破除封建迷信活动。还帮助文化艺术界改革琼剧，组织改良琼剧社，编演文明剧，宣传反帝反封建。

在他们的积极宣传和发动下，琼崖工人的思想觉悟有了很大的提高。1925年至1926年，为支援五卅运动和省港大罢工，琼崖工人、学生和各界联合发动全琼的罢工、罢课和罢市斗争，并举行声势浩大的示威游行，高呼反帝口号，散发传单、张贴标语，愤怒声讨帝国主义屠杀中国人民的滔天罪行。还成立了琼崖各界五卅惨案暨省港罢工后援会及琼崖援助省港罢工委员会，开展宣传、募捐等各项活动，支援省港大罢工。琼崖人民支援省港大罢工的斗争，坚持了9个月，直到罢工胜利。琼崖工人和各界人民群众在斗争中，进一步促进了马克思主义与工人运动的结合，为琼崖中共党组织的建立准备了充分的条件。

创办嘉积农工职业学校，培养革命骨干，为琼崖共产党组织的建立在干部上做了准备。陈公培、鲁易、罗汉等到琼后，和琼崖的先进分子结合起来，迅速打开了工作局面。徐成章、王器民将他们介绍给当时琼东县民选县长王大鹏。在王大鹏的邀请下，他们陆续到达琼东县。琼东县的嘉积是琼崖第二重镇，是东路政治、经济、文化、交通中心，历来是琼崖各派政治力量争夺的要地，在这里进行革命活动，可迅速影响全岛。罗汉到达琼东后，王大鹏安排他在嘉积亭父实业公司任职。为了开辟新的革命阵地，更好地传播马克思主义，培养工农革命骨干，陈公培、罗汉、王文明等人向王大鹏建议创办一所农工职业学校。1922 年 11 月，学校筹建工作正式开始，首先组成学校领导机构，设立校董事会和校务会，王大鹏任校董事长，罗汉任校长，王文明任教务主任。校址选定在嘉积北门的北帝庙。学校筹建之初，由于经费短缺，除了向社会募捐外，1923年夏，罗汉、王文明还亲自到新加坡、马来亚（今属马来西亚）等地发动华侨捐献支助。广大华侨积极响应，共捐款9000元（叻币）。经过一段时间的筹建，至1923年底，筹建工作完成。

1924年2月，嘉积农工职业学校正式开学。这是一所新型的革命学校，实行半工半读，既学专业，又学政治和军事，理论联系实际，教育与生产劳动相结合，学生接受系统的革命理论教育，同时参加社会宣传活动。当时，陈公培、鲁易、罗汉、李实和王文明、符节等皆给学生上过课。

1925年7月，中共广东区委派党员雷永铨、陈秋辅到校工作，分别任校长和教务主任；同时，为纪念国民党左派廖仲恺，将嘉积农工职业学校改名为琼崖仲恺农工学校。他们以广州农民运动讲习所为榜样，对学校进行全面改进，使之成为专门培养革命骨干的学校：改变招生制度，将招生名额分配到各农会，由农会推荐，学校考核，择优录取；把政治课作为主课，教材有《共产党宣言》《中国革命史》《社会发展史》和《唯物史观》等，还将毛泽东、彭湃等有关农民运动的言论编印发给学生；开设军事课，以云南讲武堂的《步兵操典》为教材，进行军事训练。学校还组织学生到各地协助开展农民运动和工人运动。

学校还开办了附小、女子班两个班，为各地培养了一批革命骨干，从而为琼崖共产党地方组织的建立做了干部的准备工作。[2]

注：
　　①本文为节选，题目为编者所加。
　　②赖永生：《留法勤工俭学学生与中共琼崖地方组织的建设》，《今日海南》2001 年第 5 期。

简述王大鹏与嘉积农工职业学校

程昭星

在琼崖革命早期领导人中，王大鹏是值得特别关注和深入研究的人物之一。在他辉煌而短暂的革命生涯中，创建嘉积农工职业学校是其对琼崖革命作出的重大且具有深远意义的工作之一。本文拟就王大鹏与嘉积农工职业学校的创建略作述论。

一

王大鹏(1890—1929)，字云程，琼东县泮水乡(今属琼海市嘉积镇)龙阁村人。1914年毕业于琼崖中学，1917年考取官费生留学日本，攻读法学、哲学、经济学，1919年秋学成归国。1920年，参加陈继虞民军，担任总军需官。1921年，当选为琼东县民选县长。

1922年秋，加入中国共产党。王大鹏在县长任上5年，致力于社会革新运动，创办学校，建设公路，整治城镇，兴办社会福利事业，做了许多有益于社会和人民的事情，为琼东乃至琼崖革命事业发展奠定了坚实基础。其中最有影响的，莫过于创办嘉积农工职业学校。

王大鹏后因被视为"赤色分子"，为军阀邓本殷所不容，1925年秋被解除县长职务。同年冬，到广州投奔革命政府。1926年初，革命军南征，光复琼崖。5月，王大鹏返回琼崖。同年10月赴日本治病，12月回到广州，在广州从事进步书刊发行工作。1927年4月15日，广州国民党右派发动政变，王大鹏被捕入狱，受尽敌人各种审讯和严刑拷打，但他坚贞不屈，表现了共产党人视死如归的崇高品质。当时，党组织曾千方百计地组织力量营救狱中同志，但都无效，直到同年12月11日广州起义爆发，王大鹏方得重见天日。出狱后，王大鹏于 1928 年 4 月回琼崖参加武装斗争；8 月，琼崖苏维埃政府成立后担任经济委员会主任。他主持制定和实行严格的财政制度，发展苏区经济；筹划红军物资给养，建立供销合作社、械弹修造厂、医院、印刷厂等设施。为了把有限的经济收入用于支援战争，王大鹏还制定了一套统一的财务收支制度。在琼崖苏维埃政府经济委员会主任职上，王大鹏为海南的革命斗争又作出了重要贡献。1929 年 3 月，他在定安双枝岭战斗中牺牲，琼崖革命失去了不可多得的一位优秀领导人。

嘉积农工职业学校是大革命时期在琼崖具有重大影响的学校。学校办学时间虽短，但为琼崖革命斗争培养了一批政治军事人才，为中共琼崖地方各级组织的建立和发展准备了一批干部，给琼崖的工农运动输送了领导骨干，对琼崖尤其是东路各县革命发展起了重要作用。这所学校在琼崖革命斗争史上有着无可比拟的光辉的一页。

二

1921 年 12 月，罗汉（湖南人，留法勤工俭学学生，社会主义青年团团员）、鲁易(留法勤工俭学学生，社会主义青年团员)被法政府驱逐回国后，受党中央派遣来琼开展革命活动。抵琼后，他们和王器民、徐成章共同主持《琼崖旬报》的编辑工作，并开始在《琼崖旬报》上"介绍欧洲的社会主义"。（《琼崖旬报》第 36 期；《新琼崖评论》第 29 期）1922 年，吴明（即陈公培，留法勤工俭学学生，中共党员）受中共中央局书记陈独秀指派来琼。他们以《琼崖旬报》为阵地开展革命活动；成立琼崖社会主义青年团组织，鲁易为书记。此时，王大鹏因其参加过陈继虞民军，担任总军需官的经历和留学归国生的身份为琼东民众看好，在广东政府实行民选县长时被选为琼东县县长。王大鹏政治开明、思想进步，上任后，他破除迷信，提倡科学和新文化，大力进行社会改革，使全县形成良好的革命风气。为了加快琼崖革命的步伐，罗汉等人来到琼东县。他们选择琼东作为在琼崖开展革命活动的立足点的原因是：琼东县革命基础较好，在王大鹏的扶持下，琼东县出现一批在全岛较有影响的进步青年；广东省立嘉积第十三中学校址在琼东县嘉积市，该校是琼崖的"最高学府"之一，是琼崖新文化运动的摇篮之一；琼东县的嘉积市是琼崖第二重镇，是东路政治、经济、文化、交通中心，历来是琼崖各派政治力量争夺的要地，在这里进行革命活动，可迅速影响全岛各地。

罗汉到达琼东后，经徐成章介绍会见王大鹏，被安排在嘉积市亭父实业公司任职。思想早就倾向革命的王大鹏，在罗汉等的影响下，很快就接受共产党的主张，加入中国共产党。为了开辟新的革命阵地，更好地传播马克思主义，培养工农革命青年，吴明、罗汉、王文明等人向王大鹏建议创办一所农工职业学校。王大鹏深知培养革命人才的重要性，大力赞同。在王大鹏的主持下，学校的筹建工作正式开始。

1922年11月，学校领导机构组成，设校董会和校务会，王大鹏任校董事长，罗汉任校长，王文明任教务主任，负责筹建工作。校址选定在嘉积市北门的北帝庙(今嘉积中学和市人民医院交界处)。北帝庙是庭院式建筑，院内有2座殿宇；两厢有10余间小房，供和尚和香客住宿。当初，这里香客盈门，后来由于新文化运动冲击，庭院冷落，庙丁改行谋生，人去屋空。此时琼东县改庙宇为学校成风，因此校董会决定因陋就简，在北帝庙的基础上建校舍。

学校筹建之始，资金不足，经费短缺。为了解决困难，王大鹏大力向社会募捐。他变卖了家中10余亩田地和准备建私宅的木料，得到 2000 块光洋，全都捐献建校。他的行动感动了社会各界，人们纷纷赞助建校。1923 年夏，罗汉、王文明到新加坡、马来西亚等地向华侨募捐建校经费。广大华侨热心家乡教育事业，出于对王大鹏县长的信任和支持，纷纷捐款，共捐了 9000 元(叻币)。琼崖新闻界对此评价甚高，《新琼崖评论》认为"嘉积的农工学校，赖华侨的力颇多"（《新琼崖评论》第 5 期、第 12 期）。

罗汉、王文明返校后，开始施工建设校舍，经过 5 个多月的紧张施工，校舍全部落成。有教室 2 栋 6 间，实习场地 1 栋 3 间，学生宿舍 1 栋 3 间(还借用 2 座祠堂做学生宿舍)，教职工宿舍 2 栋。学校还设校长室、教务室、文娱室、工艺品陈列室、学生成绩展览室、客厅等场所。至 1923 年底，学校筹建工作完成，开学准备就绪。

1924 年 2 月，嘉积农工职业学校正式开学。为举行开学典礼，学校装饰一新。在校门上方有一个用大理石雕刻成的地球仪；校门两侧写着"农工神圣""男女平等"两条大标语，体现了这所新型学校的性质。

早在1923年3月，学校就在琼东、乐会两县的各乡镇贴出招生布告，发动琼东、乐会青年报考农工职业学校。两县共有300余名青年报考。同年秋，在嘉积关帝庙高小学举行入学考试，录取正取生50名，备取生10名。此时，学校领导和教员有罗汉(校长)、王文明(教务主任，开学不久即赴上海大学读书，教务主任由黄茂雅接)、吴明等。除了专业课以外，还开设政治课和文化课。政治课的教学内容有社会发展史和时事知识，文化课有语文、算术、历史、地理、英文、音乐等。学校还招收一个男女同读的高小班，学制一年半。

嘉积农工职业学校以马克思教育思想为指导，坚持教育与生产劳动相结合，实行半工半读。学生上午上课，下午劳动；一边学习书本知识，一边动手操作。

三

　　嘉积农工职业学校不仅是培养工农技术人才的场所，也是我党早期在琼崖进行活动的重要阵地。在学校筹建和创办之初，南下琼崖的革命者和琼崖革命先驱大都集中在这里活动。吴明、罗汉、鲁易、李实、徐天柄、徐成章、杨善集、王文明、王器民等都在这里留下战斗的足迹。在王大鹏的支持和参与下，学校的革命气氛非常浓厚，校舍的墙壁上，刷写着"誓雪国耻""打破三从四德旧礼教""男女平等""婚姻自由"等标语；图书馆里陈列着《琼崖旬报》《东路半月刊》《琼声周刊》《海南潮旬刊》等革命刊物；上政治课，学员们受到马列主义的教育。学校师生还以出墙报、上街演说、进行文艺演出等方式进行革命的宣传。学校组织了文艺宣传队，每逢星期六都在校门外的草坪上演出自编节目，市区群众争相观看。每逢节日，就上街进行宣传。数学教师符节擅长编剧，他编写的节目内容新鲜、形式活泼，博得广大观众的好评。如《财主讨债》撩开了黑暗社会的一角，《逼死寡妇》控诉了封建礼教对妇女的野蛮摧残。这些小节目在琼东、乐会广泛流传，成为宣传革命、唤醒群众的有力武器。

嘉积农工职业学校的办学实践，在社会上产生了强烈的反响，引起反动势力的恐惧，反动势力无理要求改变办学方针。有身为县长的王大鹏的支持，广大师生不怕恐吓，他们同这股反动势力进行坚决斗争，坚持原来的办学方针不改变。1925年秋，嘉积农工职业学校第一期学员毕业。

1924年7月，广州创办农民运动讲习所。这是以国民党名义，由共产党人主持，为培养农民运动领导骨干的学校。1925年7月，中共广东区委贯彻党的"四大"关于在全国各地建立和加强党的组织建设，以适应革命形势发展需要的精神，将农讲所学员派往各地工作，为成立基层党组织做好思想和组织准备。广东区委通过王大鹏委任雷永铨（琼东五区人，广州农讲所第二届学员，共产党员）为嘉积农工职业学校校长，陈秋辅（琼山县人，共产党员）为嘉积农工职业学校教务主任(罗汉调任国民革命军第四军政治部主任)。根据广东区委指示，雷永铨、陈秋辅等人以广州农讲所为样板，在王大鹏的强力支持下，对嘉积农工职业学校进行全面改造，使之成为专门培养革命骨干的干部学校。

为了适应学校性质和办学方针改变，学校对教师队伍进行了调整。调整后的教师大多是共产党员或团员。同时，提高政治课的地位，把政治课作为学校的主课。政治课的教材有《中国革命史》《唯物史观》《共产党宣言》《资本论》《帝国主义浅说》《社会进化简史》等。学校还将彭湃关于农民运动的论述作为政治课的补充教材。并开设军事课，采用云南讲武堂《步兵操典》为教材。在军事教官的指导下，学员每天都进行军事训练，还经常到野外进行演习，学习军事知识和带兵用兵要领，为以后从事武装斗争做好准备。同时，对文化课进行调整，设语文、数学、自然、历史、地理5个学科。学校使用的教材均由李济川（乐会人，共产党员）开办的平民书局提供。学校还对学制进行了改革，定为3年。

根据中共广东区委要求，学校的办学宗旨是为琼崖各县培训农运干部。据此，学校将招生范围扩大到琼崖各县。学校将招生指标下达到各县农民协会，县农会从农运骨干中挑选对象向学校推荐，学校经过考核择优录取。

嘉积农工职业学校实现学校环境政治化，校门两侧悬挂着巨幅对联："依靠中国工农群众两大柱石，拥护世界革命领袖一贯领导。"在教室里，张贴着马克思、恩格斯、列宁、孙中山的画像。在学校里张贴着标语："思想革命化，利益群众化，生活工农化，行动纪律化，工作积极化。"严格规定各项纪律，学员在学校里过着军营式生活。每人入学缴学费 4 元，伙食自理。学习资料、文具、生活用品实行供给，学校发给统一服装，式样为列宁装。学校严禁抽烟、喝酒和赌博。学校积极向学员灌输马克思主义理论和党的知识，秘密发展党员，为建立学校党组织做好思想和组织上的准备。

嘉积农工职业学校的创建和顺利开办，主要都是因为得到王大鹏的坚决支持和积极参与。作为琼崖第一批共产党人，王大鹏为嘉积农工职业学校的创建和开办可以说是呕心沥血，他特殊的社会地位和公开的县长身份又为嘉积农工职业学校的创建和顺利开办提供了可靠的保证。共产党员纪慕天在海口盐灶街法领事馆开办的琼崖公学，尽管借助了洋人的势力，但琼崖公学也仅存在3个多月、自己也被军阀杀害的情况，从另一个方面说明了王大鹏在嘉积农工职业学校的创建和顺利开办中的作用。尽管由于种种原因，对于王大鹏在嘉积农工职业学校的创建和顺利开办中的作用被淡化，但历史终归是历史，历史是不以人的意志为转移的。正确研究和评价王大鹏在嘉积农工职业学校的创建和顺利开办中的作用，既是对历史的负责任态度，也是研究琼崖革命的需要。[1]

注：

[1]程昭星：《简述王大鹏与嘉积农工职业学校》，载中共海口市委党史研究室、中共琼崖一大旧址管理处编《旗帜飘扬——中共琼崖第一次代表大会人物研究论文选》，中共党史出版社，2010。

嘉积传奇英烈王大鹏

王林兴

最早给我烙上红色印记的是杨善集烈士。上小学时，每逢清明节，学校就组织我们到杨善集烈士纪念亭（1958年修建）扫墓，缅怀革命先烈。老师教导我们要继承革命烈士的遗志，好好学习，天天向上，做共产主义事业接班人。后来，我查阅了有关杨善集的史料，更是对其敬佩有加。杨善集于1924年10月由中共广东区委派往莫斯科东方大学学习，同年12月与叶挺（后任新四军军长）一起被中共旅莫支部吸收加入中国共产党；后来和聂荣臻（后任中华人民共和国元帅）、叶挺等转入苏联红军学校中国班学习军事，1925年8月回国，从事广东区青年工作。1926年6月，受中共广东区委派遣到琼崖指导召开中共琼崖第一次代表大会，成立中共琼崖地方委员会。1927年"四一二"反革命政变后，杨善集于6月再次奉命返琼，指导召开中共琼崖地委紧急会议，将中共琼崖地委改为中共琼崖特别委员会，杨善集任特委书记兼军委书记，组织全琼武装总暴动。1927年9月23日，杨善集指挥部队进攻椰子寨，打响琼崖革命第一枪，开始了琼崖23年红旗不倒的革命征程；在攻占椰子寨后，他带队阻击从嘉积来增援的敌人，终因寡不敌众，壮烈牺牲，年仅27岁。因此，红色印记从小烙在我脑海里。

为了纪念革命先烈，琼海市政府于2003年在嘉积东风路修建第一任琼崖地委书记王文明纪念园。1985年8月1日，在嘉积南门街心公园竖起了红色娘子军塑像，纪念中国工农红军第二独立师女子军特务连，后来又在万石坡建成了红色娘子军纪念园和共和国上将周士第纪念馆等。

引起我注意的是坐落在嘉积中学北门附近的琼崖仲恺农工学校遗址。在嘉积中学读书时，我只见这里有一口老井（王正春同学的宿舍后窗正对着这口井），却不知道在大革命时期这里有一所革命学校。据史料载，这是琼崖革命最早的遗址，堪称琼崖革命的发源地，而这所学校是王大鹏提出创办的。

根据这一线索，我和王宏兴、王正春多次到乡下拜访了王大鹏的孙子王侠心、王球、王金波、王中坚以及曾孙王国力等人，瞻仰了王大鹏烈士纪念碑，见到了中华人民共和国民政部颁发的革命烈士证明书，观看了王大鹏故居遗址等，王大鹏烈士的红色印记在我的脑海中便逐渐清晰起来。

王大鹏是嘉积龙阁村人，1919年秋从日本留学回来后，结识了王文明、杨善集，并积极参加他们领导的抵制日货活动。1920年，追随孙中山革命，参加陈继虞（琼山人，曾任孙中山副官，毛泽东、周恩来 1925 年在广州参加其追悼会；周恩来 1954 年批准、追认其为革命烈士）领导的民军，担任总军需官，负责军队后勤工作，由于保障得力，民军士气高涨，打败并赶走盘踞琼崖的军阀。鲜为人知的是王大鹏在此期间先后被任命为陵水、感恩知事（民国初期，县级行政长官称县知事，后改称县长）。我们此次拜访王大鹏后人时，见到王大鹏为父亲题写的碑文落款：曾任陵水、感恩知事，现任琼东县长。

1921 年春，王大鹏担任琼东县民选县长，时值民国初期，百废待兴，县政府换汤不换药，名曰民国政府，实际上还保留许多前清旧习，欺压百姓的事时有发生。王大鹏上任后，大力改革旧制，提倡新政，定下规矩——凡有百姓来告状的，要当堂收具呈状，专人随办随结；聘请毕业于云南陆军讲武堂、曾任民军参谋长的琼山人徐成章任嘉积警察局局长，整肃社会治安；严格考核手下差役，择优录用。琼东政风为之一新，颇有政声。王大鹏关心百姓，为民办事，不负众望，千方百计进行文化、教育、卫生、交通等方面的改革；破除迷信，提倡科学和新文化，大力进行社会改革，使全县形成良好的风气，受到琼东父老乡亲的赞誉。特别是他重视教育，在全县范围内废私塾，办学校，亲自筹建县立第一高等小学，并广招人才担任小学校长。1921 年秋，聘王文明为琼东县双庙高等小学校长；1922 年春，聘杨善集为琼东县立第一高等小学校长。随着小学教育的蓬勃发展，小学教育师资匮乏和毕业生升学的中等教育问题突显出来。为此，王大鹏提出办两所学校，即拟办师范学校，解决师资问题；参照在日本留学时了解到的职业教育经验，拟办半工半读的职业学校，拓宽升学和就业的门路。可是"巧妇难为无米之炊"，没有办学人才怎么办学校？由此，王大鹏请王文明负责筹备办学，并通过在海口办刊物的同乡王器民，请来了吴明、罗汉、鲁易等留学回国的知识分子到嘉积帮助办学。在王大鹏的主持下，同时筹办琼东中学（原琼海师范、现海南软件职业技术学校）和嘉积农工职业学校（在原北帝庙基础上扩建，现嘉积中学校园）。1922年11月，嘉积农工职业学校领导机构成立，王大鹏任校董事长，罗汉任校长，王文明任教务主任，吴明任教员（吴明主要负责筹建琼东中学并任校长，鲁易任教员，王器民负责小学教育）。

学校筹建之始，资金不足，经费短缺。为解决资金困难，王大鹏变卖了家中10余亩田地和准备建房子的材料，得款2000光洋，全部捐献建校。在他的带动下，社会各界纷纷募捐建校。同时，王大鹏派罗汉、王文明到新加坡、马来西亚等地向华侨募捐建校经费。由于王大鹏在家乡的名声好，威望高，琼东、乐会两县华侨踊跃捐助，共得捐款 9000 元（叻币）。经过紧张而艰苦的筹建，1924 年 2 月，嘉积农工职业学校正式开学（琼东中学 1923 年 9 月开学）。

嘉积农工职业学校坚持教育与生产劳动相结合，实行半工半读。学校不仅是培养工农技术人才的场所，也是我党在琼崖最早进行革命活动的重要阵地。特别是后期明确以广州农讲所为榜样，把学校办成了专门培养革命骨干的干部学校。1926 年 3 月，为纪念国民党左派领袖廖仲恺先生，嘉积农工职业学校改名"琼崖仲恺农工学校"。1927 年，蒋介石发动了"四一二"反革命政变，4 月 22 日学校解散。虽然办学仅有 3 年余，但学校成为宣传革命思想的阵地、促进工农革命运动发展的基地、培养革命骨干的摇篮，为琼崖革命培养了大批人才，在琼崖革命史上谱写下了壮丽篇章，有着重大意义。琼崖地委委员、军事部副部长在视察学校后说："嘉积农工学校是第二黄埔。"

为什么琼崖仲恺农工学校会成为革命阵地？原来这里面隐藏着天大的秘密。来嘉积协助王大鹏办学的吴明，真名叫陈公培，1919年秋在北京参加李大钊等发起组织的工读互助团；1920年夏在上海参加陈独秀等发起组织的共产主义小组，并与陈独秀等5人共同起草中国共产党第一部纲领；1921年3月与周恩来等5人在法国巴黎组成共产主义小组。1921年底，受中共中央委派来琼崖工作。因此，吴明抓住王大鹏办学机会，建立革命阵地，更好地传播马克思主义；并在筹建办学过程中，积极发展党员。1922年秋，吴明介绍并报中共中央批准罗汉、鲁易、王大鹏、王文明、王器民等人加入中国共产党。可见，嘉积农工职业学校是中共党员王大鹏利用自己民选县长的合法身份，以琼东县政府名义筹办的，实际上是共产党在办学。由于革命形势的发展和斗争的需要，王器民于1923年离开琼崖，吴明、罗汉、鲁易先后于 1924 年秋前离开琼崖，到广州黄埔军校学习工作；王文明在王大鹏资助下，到上海大学读书。因此，1924 年秋到 1925 年秋,嘉积农工职业学校实际由中共党员王大鹏负责。由于嘉积农工职业学校影响很大，他被控为"赤色分子""危险人物"，受到反动势力的反对，为琼崖军阀邓本殷所不容，1925 年秋，王大鹏被解除县长职务。中共广东区委从广州派共产党员、琼东县人雷永铨接任嘉积农工职业学校校长。

　　1925 年冬，王大鹏到广州找到杨善集。1926 年初，国民革命军南征邓本殷，光复琼崖，杨善集派王大鹏返回琼崖。1926 年 6 月，杨善集回琼崖指导召开中共琼崖第一次代表大会，王大鹏、何毅（不偏村人，曾任琼崖苏维埃政府秘书长，1932 年被错杀）等协助杨善集筹备一大召开工作。当时，流传革命者为夫人取名字的趣闻。历来妇女只有小名而没有正式名字，而且没有文化，为了便于书写，革命者便按数字给妻子取名。杨善集给妻子取名林一人，表示妇女是真正的人之意；何毅给妻子取名李四海，表示要团结五湖四海妇女革命；王大鹏给妻子取名何十川（1992年去世，享年100岁），表示妇女团结起来，就能汇成川流不息的力量。此外，还有取名"二天""三江""五洋"等等，都体现了妇女要解放，要做个有名有用的人。1926年10月，王大鹏到日本治病。同年12月回国，在广州协助杨善集开展党的报刊发行工作。1927年"四一五"反革命政变后王大鹏被捕入狱，受尽敌人各种审讯和严刑拷打，但他坚贞不屈，表现了共产党人视死如归的崇高品质。同年12月11日，广州起义爆发，他被救出狱后在广州养伤。

1928年4月，王大鹏回琼崖参加武装斗争。同年8月12日，中共琼崖特委在乐会县第四区召开琼崖第一届工农兵代表大会，成立了琼崖苏维埃政府，王文明任主席，王大鹏任副主席和经济委员会主任。此后，王大鹏协助王文明制定颁布了临时土地法、劳动法、苏维埃组织法、保护工商业条例、惩治反革命条例和税收条例等法令。同时，在极其困难的情况下，他在苏区办起供销合作社、枪弹修造厂、被服厂、医院、印刷厂等；制定了一套统一的财务收支制度，严格执行预算，把有限的经济收入用于支援革命斗争；规定区、乡级的工作人员和农民一样，每人分得一份土地，参加生产。由于采取了切实可行的财政经济措施，减轻了人民的负担，生产得到发展，从而克服了困难，粉碎了敌人的经济封锁，王大鹏被人们誉为"红色大管家"。1929年3月，王大鹏率领红军巧夺民团29支步枪，然后向母瑞山撤退。由于叛徒出卖，在文曲墟双枝岭遭敌人袭击，王大鹏为掩护战士把枪支运回部队，留下阻击敌人，最后因敌众我寡，光荣牺牲。

斗转星移，时光流逝，一幕幕历史化为

今天的一个个遗址。今天，我们徜徉在琼崖仲恺农工学校遗址，除了饱经风霜的古井依然如故，很难寻觅当年轰轰烈烈的历史碎片。更难想象，当年一批优秀的知识分子聚集在这里，在创建学校的过程中，创建了琼崖共产党，拉开了琼崖革命的序幕。这些为中国共产党的建立和壮大、为共和国的胜利而牺牲的人们，永远值得我们崇敬和怀念。同时，应重点建设琼崖仲恺农工学校遗址，打造可供人们瞻仰革命先烈的"精神高地"，开展红色旅游，充分发挥好革命遗址的教育功能。

令人不解的是，王大鹏这么一个重要的历史人物，在过去相当长时间里，很少有人知道他是琼崖最早共产党员之一，是琼崖苏维埃政府副主席。甚至有人质疑王大鹏，其家属也受到不公正的对待。

新中国成立后，王大鹏家庭被定为开明地主，遗孀何十川及子孙被赶出下园村；

1981年，琼海县民政局支持其子孙在下园村原址修建王大鹏故居，居然遭到个别人阻挠而建不成房子（2012年，经国家文物局审批合格，王大鹏故居遗址为不可移动文物）。几十年来，王大鹏的子孙一直想重修故居，以陈列先人的生平资料。还有不可思议的是，在省、市党史部门确认王大鹏入党时间后，某些所谓专家学者竟以种种理由，否认王大鹏是1922年入党。为此，我查阅了解放军出版社出版的《亲历者说建党纪事》，该书收集了毛泽东、周恩来等70位亲历者的文章，其中有陈公培《回忆党的发起组和赴法勤工俭学等情况》一文，文中明确记述："一九二二年秋，我到海南岛，发展了十来个同志，现在记得的有：鲁易、罗汉和海南岛本地人徐成章、徐天炳、王大鹏、严凤仪、王文明、王器民（其中好多人为革命牺牲了）。"可见，王大鹏是琼崖最早的共产党员之一。同时，我对比了相关的历史人物资料，发现吴明、罗汉、鲁易和王文明等人于1924年秋先后离开学校。如果王大鹏不是共产党，岂不是共产党主动放弃学校这个革命阵地吗？而在王大鹏1925年秋被迫辞去县长一职时，中共广东区委派共产党员雷永铨来担任校长，难道这不是党组织安排而是巧合吗？更令人气愤的是，琼东县人民政府1957年便确认了王大鹏的身份是琼崖苏维埃政府副主席，并由中华人民共和国民政部颁发革命烈士证明书；可个别专家学者却强词夺理说，1929年12月10日琼崖苏维埃布告第3号落款只有主席和委员，由此说明琼崖苏维埃政府不设副主席。请问：王大鹏1929年3月已牺牲，难道还要在12月的布告上落款吗？那不违背常理吗？！请那些专家学者扪心自问，你们的所作所为对得起革命先烈吗？一个民族要尊重自己的历史，尊重历史就要敬重自己的民族英雄。

让我们重温王大鹏烈士的碑文：

王大鹏，男，琼海市嘉积镇龙阁村人，生于 1885 年，早年留学日本，学成归国后即追随孙中山革命，任琼东县民选县长，1922 年参加中国共产党，任琼崖苏维埃政府经济委员会主任、琼崖苏维埃政府副主席，1929 年在定安县双枝岭的战斗中壮烈牺牲。

——琼海市人民政府，2015 年 5 月

王大鹏，家庭殷实富足，留过学，当了县长，完全可以享清福过日子。但是他义无反顾地选择了革命道路，加入中国共产党，卖田地支持革命，一心为民办事，出生入死，历经坎坷，始终对革命事业忠贞不渝，坚定理想信念，对党忠诚，直到奉献生命。这是一种信仰，一种精神，即为实现共产主义的信仰，为人民奉献的精神。王大鹏的一生，是传奇的一生、战斗的一生，是为人民事业奋斗的一生。他的革命精神、崇高品德和爱民情怀永远值得我们学习。王大鹏是琼海人民的自豪，是海南人民的骄傲。忘记历史就

意味着背叛。缅怀一个人，也是缅怀一个时代。王大鹏，人民永远怀念您![1]

注：
　　[1]王林兴：《嘉积乡愁》，南海出版公司，2016。

民选县长王大鹏的红色传奇

中共琼海市委党史研究室

琼海市地方志办公室

回顾琼崖红色革命史，不少革命先驱坚持信仰，不遗余力传播革命火种，甚至抛头颅、洒热血，用鲜活的生命去践行无产阶级革命理想。在这红色记忆中，有一位值得后人永远铭记的传奇人物，他叫王大鹏。

开全琼各县革命风气之先

王大鹏，字云程，1885年出生于琼东县（今琼海市）嘉积镇龙阁村一个殷实富裕之家。1911年秋，他考进琼崖中学堂（今琼台师范学院）就读。在学校里，他刻苦学习文化科学知识，热心参加各种社会政治活动；暑假回乡时，积极参加农民武装讨伐袁世凯的斗争。斗争失败使他认识到，没有正确理论和科学知识指导民众斗争，只靠一股热情是不行的。为了探索救国救民的道路，1917年，他考进日本法政学校学习，主修法律、哲学和经济学。1919年秋学成回国。1921年4月，孙中山领导的广东省政府颁令在全省各县举行民主选举县长。原琼东县县长符瑞熊卸任之后，王大鹏以出众的才华和声望，当选为琼东县县长。

王大鹏当选琼东县县长那一年，中国共产党刚好在上海诞生。中共中央一成立，就把深邃的目光投向孤悬海外的海南岛。1921年秋至1922年初，共产党员吴明受中共中央的派遣，与罗汉、李实等先后来琼崖开创革命事业。王大鹏与这几位南下的革命播种者在琼东县相会，成为他一生光荣和梦想的起点。

吴明等人来到琼崖后，分别以海口和嘉积这两个琼崖南北重镇为基地，开展革命活动。他们迅速与琼崖的先进分子王文明、王大鹏等结合起来，办报刊、开书店、设夜校，宣传马克思主义和革命思想。1922年秋天，一个对琼崖革命发展具有重大历史意义的时刻到来了。经吴明介绍并请示中共中央同意，吸收了王文明、王大鹏、王器民、徐成章等十多名琼崖先进分子入党。由于吴明的引路，王文明、王大鹏等琼崖热血青年成为真正的共产主义战士。这些青年，几乎集中了琼崖先进分子的精英。鹏程万里，树立了共产主义初心的王大鹏开始在万里云天向自己选定的目标振翅高飞。

王大鹏入党后，利用在任县长的合法身份，接洽和安排一大批共产党和先进青年到琼东县工作，以从事各种职业为掩护，撒播革命火种。杨善集先后被聘到福田夏试小学、三合振文高小校、琼东县立第一高小校等校当教员、校长；王文明被聘到双庙高小校任校长，并负责指导全县新文化运动；王器民被聘请指导全县卫生体育工作，徐成章被委任为嘉积警察局局长，罗汉被安排在亭父实业公司任职，吴明、鲁易、李实等人被安排到嘉积和琼东县城学校当教员。此时，琼东县风云际会，可谓江山如画，一时多少豪杰。在这些共产党员和先进青年的带动下，琼东县犹如寒寂的冬天吹起了和煦的春风，万象更新，充满蓬勃生机，从而开启了全琼各县革命风气之先。

王大鹏在琼东县积极倡导新文化运动，致力于革故鼎新，广泛积极传播新思想。他要求琼东县各高小校在国语课传授白话文，引起社会上守旧势力的强烈反对。部分落后学生为此闹学潮罢课，多次对授课教师握拳呼打，屡教不改。王大鹏接到学校报告后，批准县署开除 5 名为首滋事的顽固学生，并将 69 名滋事的学生召到县署进行训诫教育，才平息了这场风波。王大鹏积极在琼东县推广国语（即普通话）。1922 年县署成立了国语推行委员会，聘请李实（共产党员）教授国语读书拼音方法，学习人员为全县各校校长、教员百余人，历时一个多月。之后，各校普遍推广国语教学。王大鹏要求琼东县各学校开设自然、地理、常识等新课程，宣传科学，破除迷信。王大鹏还坚决支持女子入学，与男生同窗共读，琼东县是全琼最早接收女生入校的地区。王大鹏既大力宣传新文化，也十分重视对传统文化的学习和传承。琼东县历史上多次修县志，但大都失传，仅有清代嘉庆志流传下来，并且是孤本。为了保存该志，王大鹏决定重印嘉庆志。他将嘉庆《会同县志》改名为《琼东县志》，并亲撰《重印琼东县县志序》。琼海市现在收藏的最早的《琼东县志》，就是王大鹏重印的嘉庆志版本。

王大鹏全力支持在琼东县创办报刊和书局，广泛宣传马克思主义和先进文化。王大鹏批准乐会县进步青年卢鸿慈、许邦鸿等在嘉积镇编辑出版《良心月刊》，这是由华侨发起成立的乐会县自治研究会的出版物。该刊以宣传新文化、新思想为宗旨，对促进琼东、乐会两县人民的觉醒起了很大作用。1924年，王大鹏在嘉积市自家祖置的铺宇（地址在今嘉祥街88号）开设书店——文化书局，发行《琼崖旬报》《新琼崖评论》《良心月刊》等进步报刊，还销售《共产党宣言》《中国革命史》《白话论》等进步读物。文化书局的后屋是一座小骑楼，这里一度是琼崖东路共产党人早期活动的秘密联络点和往返各地的中转站。

王大鹏热情鼓励琼东县进步青年走出去到内地去求学深造，寻求救国救民真理，使赴京、沪、宁、穗求学，在琼东一时形成风气。据1923年统计，琼东县在上海读书的学生有31名。在外地读书的琼东县青年中，在广州的有杨善集、雷永铨等；在上海的有王器民、郭儒灏、黄昌炜等。这些在外读书的琼东学子，有不少寒门子弟得到王大鹏的资助。1924年，党组织派杨善集到苏联学习，临行时王大鹏脱下手腕上的一块金表，他爱人脱下耳上的一对金耳环交给杨善集当路费。这些外出读书的琼东学子，大多得到琼东县署和王大鹏的奖掖和扶持。他们当中不少人后来成为琼东县革命运动的风云人物。

兴办教育创建琼东中学和嘉积农工职业学校

王大鹏就任琼东县民选县长近3年。1924年3月，广东省政府宣布废除民选县长，改为县长委任制，王大鹏又被广东省政府委任为琼东县县长，至1925年秋卸任。王大鹏先后在县长任上4年多。他施行德政，口碑载道，赢得了流传久远的政声。王大鹏在1925年撰文说："鹏自被民选为桑梓服务，四年于兹。凡百事宜，在在待举。如学校，如路政，先所必先，急所必急。"（《重印琼东县县志序》）王大鹏把兴办学校，发展教育事业，摆在"先""急"的位置，作为施政的重中之重。在他任上，"对于兴学一端，特别注意"，琼东县"由数十校激增至数百校，蓬蓬勃勃，颇具佳象"。（《琼东中学校刊》）1923年琼东县署史料称，"据计，全县初小校有数百间，高小校十有余间"。学校骤增，造成教员紧缺。为了解决师资问题，王大鹏亲自出马，四出罗致人才。他极力聘请《琼崖旬报》总编辑兼琼山中学、琼山师范国文教员罗汉出任琼东县立第一高小校长。王大鹏先以县署名义发去信函和聘书，接着连续三次派出专人到府城当面求聘，并委托徐成章等人从中沟通斡旋。罗汉应聘到达琼东县之后，王大鹏多次当面嘱咐，鼓励他认真整顿校风，将学校中的各种恶习铲除干净。王大鹏大胆起用年轻有为的青年人当教师。杨善集、王文明等是琼崖中学的高材生，刚毕业走出校门，王大鹏立即委任他们为小学校长。王大鹏要求县中学开设师范班，专门培养小学师资。他将全县各地的禾金鸭租、庙宇公醮等款项拨归各校充当经费。

王大鹏在县长任上大力促进教育事业的发展，建树甚多，其中最大的亮点，就是创办了琼东中学和嘉积农工职业学校（即琼崖仲恺农工学校）。

1922年，王大鹏"毅然从事筹设琼东中学"，并将该校定位为"全邑最高学府"。(《琼东中学校刊》）对此有人以琼东县"地小民穷，难于举办"为由反对。王大鹏力排众议，亲自为琼东中学解决师资、经费、校舍等方面的实际困难，为学校的开办创造条件。琼东中学的校长和教员如吴明、黎宗铄、符传范、施传德等学有所长、专业造诣较深者都是王大鹏从省立六师、省立十三中等单位聘请来的。王大鹏将琼东县市场租的三分之

一、生猪出境捐、嘉积市栏租、海龟捐、祠庙捐、嘉积花筵捐收入拨给琼东中学充当办学经费。王大鹏两次发动全县性的募学活动，为琼东中学筹集建校经费，他个人捐献2000元（光洋）。他决定将原第一高小校的校舍及其在各地的房产、田产全部划拨给琼东中学。《琼东中学校刊》收录的《本校实录》记载："十二年（1923年），王大鹏县长筹拨款项，新建教室2座、宿舍9间，并将附近之尊经阁楼，整为西式洋楼，设备既妥，规模大为扩张，于是，琼东中学即呱呱落地了。"

琼东中学于1923年诞生后，王大鹏支持学校办学和发展的初衷不改。1924年，琼东中学校长一职空缺，一时物色不到合适人选，王大鹏就以县长的身份兼任琼东中学校长。经过三年的建设，至1925年，琼东中学初具规模，有教室7间、办公室6间、师生宿舍46间，图书室、仪器室、体育器械室等设施一应俱全。王大鹏感慨万千地说："'难'之一字，唯为愚人所用之字典有之。试观是校此数年间，惨淡经营，更有今日，何难之有！琼东中学不愧为一邑教育楷模也。"（《琼东中学校刊》）

王大鹏作为共产党员的政治倾向，对琼东中学的办学方向产生了深刻影响。琼东中学的第一任校长吴明是中共中央直接派来琼崖开展革命活动的第一个中共党员。在琼东中学的教师中，有不少是琼崖早期的中共党员，如陈秋辅、冯裕江、王业熹、刘育祺、符传范等。琼东中学是琼崖革命先驱在琼崖东路开展革命活动的重要基地。琼东中学校园有着浓厚的革命氛围，学校图书馆和各班图书角都备有《中国青年》《向导》《新琼崖评论》等革命书刊供师生阅读学习。在大革命中，琼东中学成为全县革命运动的大本营。大革命失败后，该校有一百多名师生跟随党组织转移到烟塘地区，参加武装反抗敌人的战斗，刘裔祺、陈秋辅、冯裕江、陈致训、王璧和、杨庆芬、符运华等学校师生成为琼东甚至琼崖革命斗争的领导人物。琼东中学是琼东县革命运动的摇篮。

王大鹏创建的琼东中学后来先后改名为琼东简易师范学校、琼东县立师范学校、琼海师范学校。2003 年升格为大学，改为海南软件职业技术学院。2023 年，该校将迎来建校一百周年校庆。

王大鹏对嘉积农工职业学校即琼崖仲恺农工学校的创办也做出不可磨灭的贡献。

王大鹏即任琼东县县长之初，吴明、罗汉等南下革命者和琼崖早期共产党人王文明等向王大鹏建议，利用嘉积镇作为琼崖第二市镇和琼崖东部中心城镇的有利条件，创办一所农工职业学校，培养革命骨干。王大鹏马上采纳这个建议。1922 年 11 月，嘉积农工学校领导机构校董会和校务会成立，校董会由王大鹏任董事长；校务会由罗汉任校长，王文明任教务主任。王大鹏将嘉积镇北门的北帝庙房舍划拨给学校办学，将嘉积镇的仁和庵和积庆庵划拨给学校作为工科实习场所。为了筹措办学资金，王大鹏变卖了自家10余亩田园和准备建宅的木材，所得2000光洋全部捐献建校。王大鹏还向社会各界和海外侨胞动员募学。罗汉、王文明手持王大鹏写的募学亲笔信远渡重洋，到新加坡、马来西亚等地向琼东、乐会籍的侨胞募捐。广大侨胞踊跃捐款，共捐得叻币9000元。《新琼崖评论》发表文章说："嘉积的农工学校，赖华侨的力颇多。"至1923年底，学校筹建工作完成，开学准备就绪。1924年2月，嘉积农工职业学校开学。

嘉积农工职业学校的创办对在琼崖传播马克思主义和培养革命骨干有着非常重要的意义。来自琼崖的琼东、乐会、琼山、文昌、万宁、陵水、崖县、定安、儋县等9个县的近百名学员在学校里既学专业，又学政治、学军事，接受系统的革命理论教育，参加社会宣传活动，成长为革命人才。从琼崖仲恺农工学校走出去的学员，不少成为后来工农运动的领导者。该校为琼崖地方党组织和人民军队的建立和发展培养了一批干部，被誉为琼崖革命的摇篮。

建设琼东县公路网和整治城乡社会环境

王大鹏在县长任上时，他视为"先所必先，急所必急"的要务，除了兴办学校之外，就是进行路政建设，发展交通事业。

20世纪20年代初，琼崖开始通汽车，王大鹏躬逢其盛，致力于开辟琼东公路交通网。在他的领导下，琼东县首先建成了嘉积至海口的公路。嘉海线有两条线路，一条从嘉积经大路、黄竹、居丁、仙沟往北，接定安县城至海口的公路；一条从嘉积经文曲、岭口至仙沟。琼东县在嘉海线上建起了里草桥、山溪桥等10多座大小桥梁。

嘉海线通车之后，王大鹏协调商家成立了琼益汽车公司，购进 8 辆汽车投入营运，琼东县交通闭塞的局面开始打开。

王大鹏接着主持建成一批县内公路，如嘉县线（嘉积至琼东县城）、嘉文线（嘉积至文昌县线琼东段）、嘉福线（嘉积至福田）、嘉烟线（嘉积至烟塘），初步建成了以嘉积为枢纽的琼东县公路交通网络。在筑路过程中，王大鹏碰到不少麻烦事，受到封建守旧势力的严重干扰。嘉积至县城的公路，是琼东县建设的第一条县内公路。王大鹏倡议开此公路，有些封建遗老散布流言蜚语，说此举填平了百亩水田，"伤财谷"(损坏财产和粮食)，毁掉县城南门龟地土，压坏明代兴建的聚奎塔，切断赵水旁的文笔峰，破坏了一县之风水等。王大鹏亲自组织和带领以琼东中学师生为主的宣传队到各村各户进行宣传，大造破除迷信、崇尚科学的社会舆论，对群众动之以情，晓之以理。广大群众深受教育，使修建嘉县线公路势在必行形成社会共识，促进工程顺利开工。公路施工时，王大鹏事必躬亲，每天都到工地指导，并与民工一起挖土、挑土、打夯。他发动各校师生在周末、假日，义务参加筑路劳动。在嘉县线通车典礼上，当第一辆汽车徐徐驶进县城时，群众万人空巷"看车"，舞龙舞狮庆祝，锣鼓喧天，爆竹齐鸣，城乡呈现出一派喜气洋洋的新气象。

修建公路发展交通引发了嘉积的"割街"运动。嘉海线通车后，因嘉积街道狭窄，不能通车，汽车只能开到嘉积北门，无法到达市区。当时嘉积的街道宽度只有3米左右，汽车无法通行。王大鹏倡议商民将原铺地退缩2至3米，重建铺宇，使街道加阔，让汽车能够通过，也有利于集市贸易。但有些商贾和士绅强烈反对，说此举"伤财谷"，煽动群众抵制"割街"。王大鹏带头将自己的旧铺前半段拆除，后退3米多，建起新楼房。

新楼继续经营文化书局。他在楼顶竖立"文渊阁"的大字招牌，很有气势。由于王大鹏率先垂范，铁锅行和太平坊等街道的商民纷纷将铺宇向后挪建。"割街"后，汽车顺利开进市区最繁华的铁锅行、太平坊等街道。

嘉积市区通车之后，公路建设接着又向南延伸至万泉河。王大鹏带领工程技术人员到南渡江的巡崖、潭口轮渡码头观摩学习，之后仿效在嘉积溪头建起万泉河轮渡码头，并支持乐会县在溶沐建成轮渡码头配套。渡船用密封的空汽油桶联结在一起做成，船面上铺上一块块厚木板，用钢缆挽成一个大平台。平台上可以走车和泊车。渡船的船体大，能同载两辆大卡车。万泉河轮渡码头的建成，使万泉河天堑变通途。至此，嘉积与东路各县公路全线贯通，海榆东线公路基本形成。

琼东县明新琼剧团以县城修路和嘉积"割街"为题材创作了琼剧《伤财谷》上演，

热情赞扬王大鹏勇于冲决封建罗网，大力建设公路拓宽街道发展交通事业的生动事迹。

王大鹏大力整治城乡环境，改变城乡面貌。他主持拆除了琼东县城旧城墙，建造了端山和奎塔公园，在县署前面的莲池中建起八角水心亭，使"端山耸翠""奎塔凌霄""赵水凝香"等琼东传统风景点锦上添花。他作出规划，用裁弯取直和加宽路面的方法，整修了嘉积13条街道，使市容市貌为之一新。

王大鹏主政琼东期间，成立了以符功桓为团长、有120多名团兵参加的治安总团开展剿匪活动，基本平息全县匪患，使琼东一度出现夜不闭户的升平景象。

王大鹏主政琼东4年多，建树颇多，政绩斐然，声蜚全琼。他的施政实践，对推动琼东社会政治、经济、文化的发展，具有重大的积极意义。琼东、乐会县在大革命和土地革命时期成为琼崖革命的中心，与王大鹏早期打下的革命基础是分不开的。

两个琼崖中心苏区的"红色大管家"

　　1925年，随着革命形势的发展，国民党右派势力逐渐抬头，国内出现了反共逆流。被抑制多年的琼东县反动势力趁机活跃起来。他们麇集于密室策划，向广东省政府投寄了一封又一封指控王大鹏为"赤化分子""危险人物"的告状信。广东省政府受其挑唆，于1925年秋解除了王大鹏的县长职务，委任反共分子何名汉为琼东县县长。琼东县的社会形势出现大逆转。

　　去职后，王大鹏奔赴广州，找到时任共青团广州地委书记的杨善集，积极协助他进行革命活动。1926年5月，杨善集被中共广东区委任命为特派员，回琼崖指导建党工作。王大鹏跟随杨善集回到琼崖，参与筹建琼崖地方党组织。这些琼崖党组织的创建者都将爱人带到海口，让她们一边到府城女子学校学习文化，一边照料为建党日夜操劳的丈夫。这些没有名字的妇女都起了名字，如一人、二天、三江、四海、五湖、六洋、七水、八冰、九山、十川等。其中林一人是杨善集爱人，何十川是王大鹏爱人。王大鹏全身心投入中共琼崖一大筹备建党工作。会后，他被刚成立的琼崖地委派到东路各县开展工农运动。

1926年10月，王大鹏因鼻子生肿瘤到日本求医。病愈回国后，被党组织派到上海搞工人运动。1927年"四一二"事变后，他只身潜回广州，以平民书店经理的身份继续进行革命活动。由于叛徒出卖，他落入魔掌，被敌人关在广州市警察局的监狱里。他受尽种种严刑拷打，但是坚贞不屈，表现出共产党人为信仰视死如归的崇高品质。12月11日，在广州起义的枪声中，他被党组织营救出狱。

出狱后，王大鹏被党组织派回琼崖。他来到乐会县第四区，找到中共琼崖特委机关和特委书记王文明。王大鹏到达这里时，乐四区苏维埃政府已经成立，乐四区作为琼崖第一块革命根据地已经形成。此时，中共琼崖特委、琼崖工农红军司令部都驻在这里，红军的主力部队也驻扎在这里。党政军机关和部队人员众多，后勤保障任务十分繁重。琼崖特委和王文明指派王大鹏负责乐四区的经济工作。他先是负责指导乐四区苏维埃政府的经济工作。1928年5月，乐会县苏维埃政府成立，王大鹏又负责指导乐会县苏维埃政府的经济工作。8月，琼崖苏维埃政府成立，下设经济委员会，王大鹏任经济委员会主任，专门负责领导整个根据地的经济工作。

在极其困难的情况下，王大鹏认真抓好乐四区的经济工作。他在赤赤乡的玉石坡创办了墟集和消费合作社，开设了50多间杂货店、百货店、饮食店和收购站，玉石坡墟集每天宰杀10多头猪供应市场；他领导在赤土寮、定壮岭办起两个小农场,开垦了200多亩荒地,种植番薯、瓜菜,还养了一批牛、猪、羊和数千只家禽;他主持制定了一套统一的财务收支制度,如征收公粮,开征贩卖税、木材税、万泉河筏运税、米税等税种,开源节流,严格执行预算,把有限的经济收入用于支援革命斗争;他领导创办了缝衣局、印字局、军械局和红军医院,为党政机关和红军服务。乐四区经济工作的开展,保障了苏区的物资供给,改善了我党政军人员和人民群众的生活,打破了敌人对乐四苏区的经济封锁。王大鹏被誉为革命根据地的"红色大管家"。

1928年冬,由于敌人疯狂进行反革命"围剿",乐四区局势恶化。为了保存革命力量,琼崖苏维埃政府主席王文明带领琼苏机关和红军600余人突围向在定安县境内的母瑞山转移。王大鹏带领经济委员会随之转移到母瑞山。

琼苏机关和红军初上母瑞山，敌人就疯狂向母瑞山扑来，在山下进行包围和封锁，分兵控制路口，切断交通，企图断绝红军和当地群众的联系。琼苏机关和红军被困守山中，生活十分艰难，粮食供给发生了很大困难。王大鹏带领红军和跟随红军进入母瑞山的民众，披荆斩棘，烧山开荒，种植农作物，进行生产自救。经过几个月的努力，先后开辟了3个红军农场，种植了300多亩地，有水稻、番薯、木薯、芋头、瓜菜等作物，还养了一些水牛。这些措施的实行，初步解决了母瑞山根据地军政人员的粮食问题，使我军政人员在生活上渡过了难关，在母瑞山站稳了脚跟。

1929年初，敌军主力部队陆续调离琼崖，"围剿"母瑞山的兵力逐步减弱。琼苏政府适时派出干部、战士到母瑞山周围地区开展工作。王大鹏奉命带领红军两个连向琼东县发展，寻找潜伏下来的红军指战员，把琼东县各地的红军和赤卫队组织起来，开展游击活动。王大鹏与琼东县委书记冯世江、县苏维埃政府主席雷永铨接上了关系。在王大鹏的指导下，琼东县和县苏政府恢复了正常活动，游击活动广泛地开展起来了。

是年3月，王大鹏带领部分红军到琼东、定安县交界地区活动。他闻悉琼东县大礼村劣绅黎国耀从海口运回20余支步枪，企图成立民团，开展反共活动。王大鹏即率领红军夜袭大礼夺枪，在顺利缴获了这批武器后，经万泉河畔的文曲墟回军母瑞山，夜间宿营于光耀村附近的双枝岭（蜻蜓岭）。叛徒李诗桐夜潜嘉积国民党军营密报，国民党军队当夜出动包围了双枝岭。王大鹏在指挥红军突围时不幸牺牲。

王大鹏的一生堪称一部红色传奇。琼崖第一批共产党员和民选县长这两个貌似矛盾的身份在王大鹏身上完美地融合在一起。无论是当民选县长还是担任琼崖苏维埃政府经济委员会主任，王大鹏似乎都在做同一件事：革命！这是为什么？答案只有两个字——信仰。

往事难忘歌壮烈，王大鹏的革命信仰铸就了一部壮丽的红色传奇。他帮助琼崖共产党最早播种者吴明把中共中央这把革命火炬，在琼崖大地熊熊燃烧，付出了毕生的精力。他以 44 岁的短暂人生，谱写了一曲激越凌云的人生壮歌。[1]

注：
　①中共琼海市委党史研究室、琼海市地方志办公室：《民选县长王大鹏的红色传奇》，《琼海通讯》2017 年 12 月 1 日。

王大鹏烈士史料考证

王林兴

2021年是中国共产党成立100周年。100年党的光辉历程积累了大量的史料，需要后人对流传于世的实物材料、口述资料、文学史料系统地搜集、整理与研究。其中，对革命烈士的研究是一项重要的内容。《中华人民共和国英雄烈士保护法》第十六条指出："各级人民政府、军队有关部门应当加强对英雄烈士遗物、史料的收集、保护和陈列展示工作，组织开展英雄烈士史料的研究、编纂和宣传工作。"为此，我从2015年开始对王大鹏烈士的史料进行研究。

史料显示，王大鹏是琼崖早期传播马克思主义的先进分子之一，是琼崖最早加入中国共产党的先锋战士之一，是琼崖工农红军优秀的指挥员之一，是琼崖首届苏维埃政府的领导人之一。由于王大鹏1929年已牺牲，史料严重缺失。现存的资料有的错漏明显，有的众说不一，有的尚待考证。特别是对王大鹏烈士的研究和宣传力度不够，人们熟知他是民国初期为民办事的民选县长，却不了解他是一位传奇的革命烈士。遵循习近平总书记在中共中央政治局第25次集体学习时强调的"让历史说话，用史实发言"的指示精神，我对史料中关于王大鹏的出生时间、任陵水感恩知事、任民军总军需、入党时间、建设"嘉积新纪元"、开设文化书局、参加上海工人武装起义、任工农红军指挥员、任琼崖苏维埃政府领导以及战斗牺牲地等10个问题进行考证，用史实说话，以正视听，维护烈士名誉，弘扬革命精神。

王大鹏生于1892年

关于王大鹏的出生时间，史料记载不

一，有 1885、1890、1892、1895 年，到底哪个时间是准确的呢？俗话说："国有史，方有志，家有谱。"除了国史和地方志外，家（族）谱作为我国一种民间文献，也是重要的研究史料。因此，我请王大鹏的孙子王球、王中坚查阅《王氏族谱》。《王氏族谱》下卷第 123 页记载："王大鹏……光绪壬辰生……"（见插页 3）也就是说，王大鹏生于公元 1892 年。随后，我查找了有关史料，1957 年颁发的革命烈士证明书（1983 年换发），登记王大鹏出生时间是 1892 年（见插页 10）。"革命烈士证明书"是新中国成立后有关王大鹏的第一份官方文字记载，《王氏族谱》是千百年来世代相传的文字资料，相对可信，由此可见，王大鹏出生于 1892 年是准确的。

任陵水、感恩县知事

2015 年，为了写作《嘉积传奇英烈王大鹏》这篇文章，我走访了王大鹏的孙子王侠心、王金波、王球、王中坚。当时，他们给我看了一张王大鹏父亲的碑记照片，碑记的落款刻字为"前任陵水、感恩县知事，现任琼东县县长男大鹏，孙业亮、业武"（见插页5）。令我不解的是，如此重要的史料，却从来没有文章记述过。

史料显示：民国初期，人才奇缺，公费出国的留学生回国后，均受到安排重用。特别是王大鹏公费留学日本时，先后就读法政学校和日本士官学校，而这所法政学校是孙中山为培养革命党骨干在日本创办的学校。所以，王大鹏1919年秋学成回国后，被广东省政府先后任命为陵水、感恩县知事，是理所当然的事情。根据碑记线索，我查阅了《东方县志》（东方县原称感恩县）。我惊喜地发现，在《感恩县民国时期历任知事、县长名录》一表中，查找到"姓名：王大鹏，籍贯：琼东县，任职时间：民国九年（1920

年）"（见插页4）的记载，从而确认王大鹏任感恩县知事是真实的。可惜的是，《陵水县志》没有相关记载，无法确认王大鹏是否担任过陵水县知事。之后，我通过琼海市委党史（地方志）研究中心吴仕春主任向陵水县陈敬祠主任了解，还是查无结果。如今，《东方县志》已证实王大鹏1920年任感恩县知事，至于碑记上刻载的王大鹏曾任陵水县知事，尚待进一步考证。

任民军总军需

关于王大鹏何时参加民军，讨伐军阀，追随孙中山革命的历史，众说纷纭，有文章说是1912、1914年，有史志写是1916、1920年。为此，我对史料进行对比分析。

1912年是民国元年，孙中山就任中华民国临时大总统。琼崖史志没有民军的记载，也就不存在王大鹏参加民军的史实。所以，王大鹏1912年参加民军应为笔误。同时，王大鹏是民国二年（1913年）加入同盟会琼崖支会的，应为追随孙中山革命的起点。

关于1914年史料，《琼海县志》是这样记载的："陈侠农领导琼崖讨袁护国军，反对袁世凯独裁卖国，复辟帝制，琼东、乐会人民群起响应，攻进县城。"对此，王大鹏的儿子王业雄在回忆文章中写道："暑假回乡，他还参加地方农民武装的讨袁斗争。"也就是说，王大鹏只是参加琼东农民进攻县城的斗争，并没有参加讨袁护国军。

再看1916年，据王业雄文章记述：王大鹏1914年至1917年秋在广州读书，"为了实现自己救国救民之夙愿，他废寝忘食地学习，三年寒窗坚持不上街，不看戏，不回乡度假。一九一七年，王大鹏考取官费生留学日本"。由此可见，王大鹏在广州读书3年没有回家，也就不存在1916年返琼参加民军的事。

最后，我们看1920年。据《海南百科全书》记载："8月，粤桂战争爆发，陈继虞率民军进攻附桂的滇军蔡炳寰部，连续攻下澄迈、嘉积、定安等城镇，后被蔡部击败。"另据《琼山县志》记载："1920年冬，陈继虞率民军在万宁、陵水宣布独立，并率部与李根源、赵德裕作战，进攻海口、琼城。"巧合的是，《东方县志》记载：1920年任感恩县知事的有王大鹏、周知礼、李震三人（见插页4）。也就是说，王大鹏任感恩县知事是半途而退。由此可见，王大鹏1920年秋辞去县知事，参加民军任总军需，是准确的。

加入中国共产党

有人认为：仅从后人对陈公培的那份采访回忆录和现存史料中，很难确认王大鹏是1922年入党的中共党员。陈公培的回忆录是经过多年后的回忆，是模糊的。那么，这到底是怎么一回事？历史的真相是怎么样的呢？

1980年，中国社会科学院现代史研究

室、中国革命博物馆党史研究室编写的《"一大"前后——中国共产党第一次代表大会前后资料选编》，由人民出版社出版。该书收录了政务院参事、全国政协委员陈公培（1901—1968）写的《回忆党的发起组和赴法勤工俭学等情况》一文。由于该书印数6万册，是内部发行，普通的读者是看不到这本书的。而且陈公培文章的题目不引人注意，谁也想不到文章与琼崖党的历史有关。大约在1990年前后，有党史工作者发现了这篇文章，文章最后一段写道："一九二二年秋，我到海南岛，发展了十来个同志，现在记得的有：……海南岛本地人徐成章、徐天柄、王大鹏、严凤仪、王文明、王器民。"由此，改写了中国共产党在琼崖建党的历史，王大鹏等6人的入党时间确定为"1922年秋"。

我有幸收藏《"一大"前后》这本书，多次阅读陈公培的文章，首先从内容看，这不是"采访回忆录",而是陈公培撰写的回忆文章。其次从时间看，20世纪60年代，我国经历了三年自然灾害、"四清"运动和"文化大革命"，由此推测陈公培的文章应写于20世纪50年代，那时陈公培50多岁，怎么会"回忆模糊"呢？最后从组织程序看，由入党介绍人证明入党人的党员身份，是符合组织手续的，是有效的。毫无疑问，王大鹏是1922年加入中国共产党，是琼崖最早的一批共产党员。可见，否定王大鹏是1922年入党的观点，显然是错误的。

建设"嘉积新纪元"

近年来，有人以通信地址使用时间质疑王大鹏建设"嘉积新纪元"（即嘉祥、积庆、新民、纪纲、元亨五条街道），认为"是后任县长建设的"，这种言论是不符合历史事实的。

据《海南省志·交通志》记载：民国十

年（1921年），广东省规划修建海南环岛公路，"使环岛公路东线可通达乐会，西线可达临高……至民国十四年（1925年）共有735.5公里，其中97%为民办公路，仅琼海路3.5公里及乐东路17.5公里为官办"。这里的"琼海路"是琼山府城（当时府城叫琼城）至海口，"乐东路"是乐会中原至琼东嘉积。又据《琼海县志》记载："民国十一年（1922年）12月，兴建乐东公路（乐会中原—琼东嘉积），翌年竣工……"由此可见，海南环岛公路乐会至嘉积段是1923年竣工通车的。

可是，乐会至嘉积的公路必须经过市区街道，而原有的街道狭窄弯曲，无法逼车。为此，时任县长的王大鹏，全市规划，扩建街道（老百姓叫作"割街"），几年整治，使市容美观。据《琼海革命斗争史》载："他取'嘉积新纪元'之义，将其中的5条主要街道分别命名为嘉祥、积庆、新民、纪纲、元亨。"但是，新旧街名的转换需要有个较长的过程，新旧地址共存共用是正常的。如上年纪的嘉积人还习惯把嘉祥、积庆、新民、纪纲、元亨街，叫作下街、横街、下市、上街、米行。因此，以新旧通信地址使用时间，质疑王大鹏建设"嘉积新纪元"，是不科学的。

至于说"后任县长建设嘉积新纪元"，实属不经之谈。据《琼海县志》记载，自1925年秋免去王大鹏县长职务至1927年，走马上任的县长有六人：程明新、江沛、何名汉、冯炳奎、罗让贤、郭渊谷，其中任职最长的半年。显然，后任县长任职时间短，难以规划建设"嘉积新纪元"。

综上所述，王大鹏建设"嘉积新纪元"，有史可鉴，毋庸置疑，那些不符合史实的宣传应予制止。如今，王大鹏建设琼东县公路网和"嘉积新纪元"（见插页6）的故事代代相传，已成为琼海市优秀的历史文化，是嘉积的一张亮丽名片，应加以保护为是。

开设文渊阁书局

据《红旗不倒——中共琼崖地方史》记载："马克思主义在琼崖的传播是从 1921 年冬和 1922 年初，中共中央先后派中共早期党员、团员吴明、罗汉、鲁易、李实等人到琼进行革命活动开展起来的。他们……和琼崖的先进分子徐成章、徐天柄、王器民、王大鹏等人结合起来，打开了工作局面。"王大鹏作为琼崖最早传播马克思主义的先进分子之一，他"采纳大家建议，创办农工职业学校，作为革命活动阵地，借以进行革命宣传和培养革命骨干"，他"在琼东县嘉积镇建立文化书局……经销马克思主义和其他进步书报，扩大了马克思主义和新文化的宣传"。如今，嘉积农工职业学校遗址在嘉积中学校园内，供人瞻仰（见插页 7）。可是，文化书局旧址在哪里？为什么书局没有名称？王大鹏亲属为什么卖掉文化书局原址祖产？

根据《琼海革命斗争史》提供的史料："1924年，王大鹏在嘉积市开设文化书局（地址在今嘉祥街88号）。"于是，我请原来家在嘉祥街的同学和乡亲帮忙。严桂才同学找到88号房屋，并拍下照片，但我仔细辨认，发现是新换的门牌号码。经推算，应为新门牌84号房屋。为此，庞道强帮我找到了知情人王惠泰。可是我与之交谈，得知84号房屋是祖传家产，不是文化书局旧址，显然又搞错了。

我把情况告诉王大鹏的孙子王中坚。经他出面核实，新门牌77号（华达商行）才是文化书局旧址（见插页8）。随后，王中坚说："听阿婆（王大鹏遗孀何十川。见插页13）讲，嘉祥街这间铺是祖传家产，后来阿公开书局，卖革命书籍。1927年反革命政变后，书局被国民党政府查封。1939年（琼崖）国共合作抗日后，才把书局的房产还给我家。1952年，我家被评为地主，被赶出下园村。乡农会主席团强行出卖嘉祥街这间铺给信托公司……"我走进 77 号（原来是"胜利旅店"），与经营者交谈，得知这间房子是屋主从信托公司处买下的房产。我站在屋里，想起当年王大鹏销售革命书籍的情景，敬仰之情油然而生。

至于查到文化书局的名称，纯属偶然。有一天，我正在整理王中坚送来的资料，看到 1990 年出版的《琼海文史》有一篇陈鹤亭写的《王大鹏割街》文章，不禁眼前一亮。只见文中写道："王大鹏便将自己的旧铺地拆毁，后退几公尺，建起新楼房一间，并以'文渊阁书局'的招牌，开一间书店门市。"这令我喜出望外，随即请严朝政同学向时任责编的周仕科老师请教。得知陈鹤亭先生是琼海大路人，时年 70 岁左右，为海南戏剧改革委员会委员，是一位资深的文化艺术工作者。由此可见，今琼海市嘉积镇嘉祥街 77 号，是王大鹏 1924 年开设的文渊阁书局旧址，是琼崖最早传播马克思主义的阵地，是进行革命传统教育的好场所，建议有关部门立牌置字，供人瞻仰。

参加上海工人武装起义

据琼海市党史资料记载：王大鹏"被党组织派到上海搞工人运动"。另据王大鹏儿子王业雄文章记述："一九二六年十月上旬，王大鹏因病再次东渡日本求医。十二月底病愈回国，在广州工作。为了便于养病，党派他到农讲所短训班学习。年末，根据工作需要，党组织又派遣他到上海搞工运。"可是，没有其他史料记载王大鹏这段经历。

为此，我查阅了有关党史和上海工人运动的史料，发现了这样的文字记载：1926年12月，时任中共广东区委委员长的周恩来从广州调往上海，在中央组织部工作，后任中央军委书记，上海工人武装起义总指挥。据中国共产党新闻网，陶炳才在《青年周恩来淬炼共产主义信仰纪实》一文中记载："是年（1926年）2月……中央军委成立，负责人是周恩来，但是因为人员少，难以开展工作。""2月23日……明确周恩来担任第三次武装起义的总指挥。"为此，周恩来调一批"军事干部，如聂荣臻等人"到上海，办军事训练班，训练工人武装骨干。

当时，杨善集任广东区团委书记，周恩来曾是直接领导，聂荣臻是杨善集在苏联留学的同学。王大鹏毕业于日本士官学校，参加民军打过仗，是杨善集的老乡和亲密战友。因此，派王大鹏去上海，训练工人武装，参加1927年3月21日上海工人第三次武装起义，是有可能的事。"四一二"反革命政变后，王大鹏潜回广州，继续从事党的地下工作。当然，王大鹏参加上海工人武装起义的这段历史，有待相关部门加以考证。

任琼崖工农红军指挥员

可以说，王大鹏是琼崖工农红军指挥员

一事，几乎没有史料阐述，而我也是偶然才知道王大鹏这段革命历史的。

2020 年 8 月 29 日，我前往光耀村，再次拜访琼崖苏维埃政府委员陈玉侯的孙子陈荣风，了解王大鹏烈士的情况。随我同行的有海口市委党校原副校长王宏兴、王大鹏的孙子王中坚和曾孙王国力。交谈中，我随手翻阅茶几上一本陈旧的红皮书，是海南区党委党史办和区档案馆 1987 年编印的《琼崖土地革命战争史料选编》。突然，我看到 1928 年 5 月 20 日《中共琼崖特委给省委的报告》中写道："特委对于目前动作的计划：将中路红军一部分（张梦安带领的），向陵水发展，于最短时间帮助农民克复陵水，另派一部（二连），由王大鹏同志带领向琼东发展，帮助农民暴动；又派一部分（二连）到海口附近帮助海口暴动。西路红军驻定安者，则完全开拔回澄迈，扩大海口附近，帮助海口暴动……"我如获至宝，高兴地对大家说："重大发现！第一次发现王大鹏的名字写在琼崖特委的文件里，第一次发现王大鹏是琼崖特委直接委派的红军指挥员！"

回到海口后，我设法买到《琼崖土地革命战争史料选编》这本书，并仔细阅读思考王大鹏在琼崖工农红军中的职务。首先，从工作需要看，琼崖特委及主要领导多次在文件中要求广东省委派军事干部到琼。其中梁秉枢于 1928 年 2 月返琼，任琼崖工农红军东路总指挥。严凤仪于 5 月中旬返琼，接（谭明新）任中路红军总指挥。王大鹏 4 月返琼，没有任命职务，却派他带兵打仗，显然是不合常理的。其次，从琼崖特委使用干部看，行动计划中的张梦安是中路红军副总指挥，率领驻定安红军的是西路红军副总指挥刘青云。最后，从职务设置看，当时西路红军有一个营两个连，副总指挥有 4 人；东路红军有两个营（营长郭天亭、王天俊）四个连，副总指挥仅 1 人。因此，带领两个连作战的王大鹏，时任职务应为琼崖工农红军东路副总指挥。

那么，王大鹏奉命带领红军向琼东发展，帮助农民暴动的情况如何？1928年7月16日，《黄学增给省委的报告》中写道："琼东最近因暴动发展，并且每次与敌人打仗都得胜利。"也就是说，王大鹏带领红军帮助琼东农民暴动，多次取得战斗胜利。黄学增时任琼崖特委书记，肯定琼东的胜利，也就是对王大鹏军事才能的认可。

综上所述，琼崖土地革命战争的两份史料，充分证明王大鹏是琼崖特委任命的红军指挥员，是一位能打胜仗的优秀红军指挥员。因此，王大鹏在琼崖工农红军中的地位和作用应予以充分肯定。

任琼崖苏维埃政府副主席

2015年，我看到中华人民共和国民政部于1983年9月颁发的王大鹏革命烈士证明书（见插页 11），存根上"生前所在单位及职务"栏注明"琼崖苏维埃副主席"，"批准机关时间"栏是"琼东县人民委员会一九五七年九月"（见插页 10），由此得知，王大鹏是琼崖苏维埃政府副主席。

可是，王大鹏的亲属告诉我，有人认为烈士证明书有误，琼崖苏维埃政府没有副主席，也就是说，王大鹏不是琼崖苏维埃政府副主席。这使我感到十分意外，于是对史料进行考证。

据有关部门的史料记载："1928 年 8 月 12 日，在乐会县第四区的高朗村召开了全琼第一次工农兵代表大会……选举产生了琼崖苏维埃政府领导机构。王文明为琼崖苏维埃政府主席，陈玉侯、陈骏业、陈业祝、黄善蕃、王克礼、梁秉枢等为琼崖苏维埃政府第一届委员。"（以下简称"上文"）并注明资料来源于"《琼崖苏维埃政府布告（第三号）》，1929 年 12 月 10 日"。为此，我查阅了《琼崖苏维埃政府布告（第三号）》（以下简称"三号布告"），觉得上文表述值得商榷。

首先，"三号布告"是琼崖苏维埃政府关于肃清反革命的布告，其公布时间距首届代表大会已是一年半。上文引用布告上的落款名单，只是当时在母瑞山的琼崖苏维埃政府主席和委员名单。因此，上文注解使多人误认为"三号布告"是琼崖苏维埃政府选举结果的布告，文中没有"副主席"，也就不存在王大鹏任琼崖苏维埃政府副主席。显然，这样表述不够严谨。

其次，"三号布告"没有"副主席"落款，存在两种可能：一是苏维埃政府不设副主席，如上文表述；二是副主席调动或死亡，不可能在布告中署名。换言之，王大鹏于1928年8月12日被选为琼崖苏维埃政府副主席，由于1929年3月牺牲，所以1929年12月10日的"三号布告"没有落款"副主席王大鹏"，这是合乎常理的。因此，以"三号布告"名单推理琼崖苏维埃政府成立时没有副主席，从而否认王大鹏是琼崖苏维埃政府副主席，是欠妥的，是不准确的。

再次，按照"三号布告"的推理结果，王大鹏不是琼崖苏维埃政府副主席，无法解释王大鹏是怎样当上琼崖苏维埃政府经济委员会主任的。据琼崖老革命、广东省政协原副主席、广东省人大常委会原副主任肖焕辉在《琼崖曙光》一书中写道："苏维埃政府成立后，着手解决财政经济问题。由党、政、军各派一名领导干部组成琼崖苏维埃政府经济委员会，王大鹏当第一任主任。"也就是说，王大鹏是以领导干部身份参加经委会，并当上第一任主任的。正如现今各级政府成立专门委员会，由政府副职任主任一样，王大鹏当时的领导干部身份应为"琼崖苏维埃政府副主席"，从而被任命为琼崖苏维埃政府经济委员会主任。

最后，从"三号布告"的委员结构看苏

维埃政府工作。陈玉侯，定安县苏维埃政府委员；陈骏业，琼东县苏维埃政府主席；陈业祝，琼崖特委警卫连党代表；黄善蕃，红军西路副总指挥；王克礼，乐会县苏维埃政府主席；梁秉枢，红军东路总指挥。上述委员，除陈玉侯外，均身居要职，重任在身，无法从事琼崖苏维埃政府的日常工作。王大鹏，是广东省委派回来的干部，是王文明的亲密战友，他懂法律、懂经济、懂行政管理，他的军事才能得到时任特委书记黄学增的充分肯定。因此，选举王大鹏任琼崖苏维埃政府副主席，是工作的需要。

此外，由琼崖老革命马白山、赵光炬等任顾问的海南名人辞典编委会，在 1990 年编辑的、中山大学出版社出版的《海南名人辞典》中记载：王大鹏 1928 年"被选为琼崖苏维埃政府副主席兼经济委员会主任"。

关于王大鹏的革命烈士证明书有误的说法，我想说明的是：1957 年，时任琼东县副县长的王君汇（1903—1991）是塔洋人，是王大鹏创办的琼东中学学生。他1926年加入中国共产党，1927年任琼东一区书记，参加过琼东农民暴动，对王大鹏十分熟悉。因此，在评定革命烈士时，王君汇怎么会搞错王大鹏的生前职务呢？如果有人认为王大鹏的革命烈士证明书记载有误，可向发证机关民政部门提出复议。在民政部门没有更改王大鹏烈士生前职务前，王大鹏"琼崖苏维埃政府副主席"的名誉应予尊重与保护。《中华人民共和国英雄烈士保护法》第二十二条规定："英雄烈士的姓名、肖像、名誉、荣誉受法律保护。"因此，我们应以革命烈士证明书为依据，全面、准确地宣传王大鹏在琼崖苏维埃政府中的地位和作用，弘扬革命精神，把先辈们开创的事业不断推向前进。

王大鹏牺牲在番薯园岭

史料记载，王大鹏1929年3月牺牲在

万泉光耀村双枝岭。为了凭吊王大鹏烈士，2019年8月18日，我和海口市委党校原副校长王宏兴，以及王大鹏的孙子王侠心、王中坚前往光耀村走访。

时值盛夏，热浪滚滚，炎热异常。我们驱车沿着嘉积至新市的公路西行，一路上田园美景，尽收眼下，心旷神怡。过了东升农场不远，左拐进乡村公路，转眼便到了光耀村。

琼崖苏维埃政府委员陈玉侯的孙子陈荣风（时年70岁）热情地接待了我们。他把大家带到村外的土坝上（石合水库副坝）说："这里就是王大鹏牺牲的地方，叫'翁割园岭'（方言，即番薯园岭）。1976年修石合水库时，把山岭挖平了。光耀村周边没有双枝岭，是人们传错了。"然后，他指着水面不远的土坎说："土坎下原来是田园，是王大鹏牺牲的具体位置，现在被水淹没了（见插页9）。当年王大鹏带领红军宿营光耀村，是我'屋公'（方言，指祖父）陈玉侯接待的。当敌人偷袭时，王大鹏带领十几名红军战士打掩护，我'屋公'熟悉地形，带领其余的红军向母瑞山撤退。后来，王大鹏准备爬上 2 米高的土坎突围，因右臂受伤爬不上去，被敌人开枪打死，并被割头带回去邀功领赏。此后，人们把这块田叫作'无头鬼田'。"听到这里，我的心情久久不能平静，遥望不远处连绵起伏的琼崖革命根据地母瑞山，想起中国民间传说，仿佛看到王大鹏英魂化作守护神，守卫在通往母瑞山的山间小道上。

随后，王侠心、王中坚在水边整理出一块平地，点上蜡烛，烧纸敬酒，我们共同向王大鹏牺牲的土坎位置祭拜，缅怀先烈，让烈士安息！[1]

注：
　　[1]本文史料详见本书"有关王大鹏烈士的史料"部分。

王大鹏烈士生平活动年表

王林兴

光绪十八年（1892 年）

出生于广东省会同县（今海南省琼海市）龙阁村一个殷实富裕之家。按本族辈分"永、家、运、大、业、绍、国、祚、元、昌"顺序，父亲为之取名大鹏，字云程，意思是希望儿子自小立下鸿鹄之志，学鲲鹏翱翔万里。

光绪二十五年（1899 年）

在本地私塾读书。受教书先生影响，从小萌发了改革现状、救国救民的愿望。

宣统三年（1911 年）

受父母之命，娶符氏（无子嗣，1917年病逝）。

是年秋，考进广东省省立琼崖中学（原

琼台书院）读书。受辛亥革命影响，积极参加各种社会政治活动。

民国二年（1913年）

是年，受会同县知事王志恕影响，与王器民一起加入同盟会琼崖支会，积极参加孙中山先生领导的资产阶级民主革命。

民国三年（1914年）

是年，受陈侠农领导的讨袁护国军攻克万宁、陵水县城影响，参加琼东县农民武装攻占县城的斗争。

是年，迎何氏（后取名何十川，生业亮、业武、业拔、业雄[①]，1992年去世，享年100岁）。

是年秋，考进广东书院。在广州三年寒窗，坚持不上街，不看戏，不回乡度假，废寝忘食地读书。

民国六年（1917年）

是年秋，考取官费生留学日本。先在法政学校学习，后进入日本士官学校学习。主要学习法律、哲学、政治经济学和军事学，研究日本的政治经济，探求救国真理。

民国八年（1919 年）

5 月，在日本参加中国留学生集会，声援国内"五四"运动，并联名发表通电，强烈抗议日本侵犯我国山东权益。

是年秋，学成归国，参加王文明、杨善集等组织领导的抵制日货活动。

是年秋，被北平政府安排在某驻华公使馆工作。就任不到一个月，辞职回广东。

是年冬，被广东省政府任命为陵水县知事（县长）。

民国九年（1920 年）

1 月，任感恩县（今东方县）知事。

8 月，辞去感恩县知事，参加陈继虞领导的讨伐军阀统治的民军，任总军需官。随后转战澄迈、嘉积、定安等琼崖各县。

是年冬，随民军攻克海口、府城。粤军进驻琼崖。

民国十年（1921年）

年初，被民选为琼东县县长。

是年春，为整肃治安，任徐成章为嘉积镇警察局局长。

是年春，为改革教育，请王器民回乡协助兴办教育事业。

是年秋，聘王文明为琼东县双庙高等小学校长。

民国十一年（1922年）

1月，邀请社会主义青年团团员罗汉南下琼东县，安排其在嘉积亭父实业公司任职。

是年初，邀请共产党员吴明、社会主义青年团团员鲁易到琼东县办学。

2月，聘杨善集为琼东县立第一高等小学校长。

是年，聘罗汉为琼东县立第一高等小学校长。

是年秋，聘吴明为琼东中学校长，负责学校筹建工作。

是年秋，由吴明介绍，经中共中央批准，与王文明等人一起加入中国共产党。

11月，任嘉积农工职业学校董事长，聘罗汉任校长、王文明任教务主任，开始筹建嘉积农工职业学校。

是年，组织领导琼东县公路交通网建设，修筑嘉积至海口、嘉积至文昌、嘉积至岭口、嘉积至福田、嘉积至烟塘、嘉积至乐会公路。

民国十二年（1923年）

是年，派罗汉、王文明到南洋，向华侨募捐办学，为嘉积农工职业学校集资9000元（叻币）。

是年，动员社会募学。变卖自家的10余亩田地和建宅木材，将所得2000光洋捐献建嘉积农工职业学校。

9月，参加琼东中学开学典礼（海南解放后，该校改为琼海师范学校，现为海南软件职业技术学院）。

是年，开展以"割街"为主的"嘉积新纪元"街道扩建，使嘉积至乐会（即从嘉积镇嘉祥街经新民街至溪头码头，轮渡万泉河至溶沭码头，至乐会中原）公路竣工通车。

民国十三年（1924年）

是年，在嘉积开设文渊阁书局，销售进步书籍。

2月，参加嘉积农工职业学校开学典礼。（该校1926年改名为琼崖仲恺农工学校，1927年"四一二"反革命政变后学校解散）

是年秋，资助王文明去上海大学读书。

10月，送金表给杨善集当路费去苏联学习。

民国十四年（1925年）

是年，重印《琼东县志》并作序。

是年，为琼东中学捐款2000光洋。

4月，出席琼东中学举行的校刊创刊号出版庆祝大会，并讲话赋诗。

是年秋，被琼崖统治当局罢免琼东县县长职务。

是年冬，赴广州找共青团广东区委书记杨善集，被安排从事党的报刊发行工作。

民国十五年（1926 年）

5 月，受杨善集委派，随国民革命军返回琼崖。

6 月，协助广东区委特派员杨善集，做好召开中共琼崖第一次代表大会筹备工作。

7 月，被中共琼崖地委书记王文明派到东路各县开展工农运动。

10 月，因病去日本求医。

12 月，从日本回到广州，继续从事党的工作。

民国十六年（1927 年）

2 月，被派往上海训练工人武装骨干。

3 月，参加上海工人武装起义。

4 月，上海发生"四一二"反革命政变，只身潜回广州，以平民书店经理身份继续从事党的地下工作。

是年，由于叛徒出卖，在广州被捕入狱，

遭严刑拷打，宁死不屈。

12月，广州起义爆发后，被党组织营救出狱。

民国十七年（1928年）

4月，被党组织派回琼崖参加武装斗争。

5月，受琼崖特委委派，带领红军向琼东发展，帮助农民暴动。

6月，完成暴动和作战任务，带领红军返回乐会苏区。

7月，认真抓好乐会苏区的经济工作。

8月，参加琼崖第一届工农兵代表大会，被选为琼崖苏维埃政府副主席。王文明任主席。

是年，任琼崖苏维埃政府经济委员会主任。

是年冬，随琼苏机关和红军转移到母瑞山。组织带领军民在母瑞山根据地生产自救。

民国十八年（1929年）

年初，带领红军帮助琼东县委和苏维埃政府恢复工作。

3 月，带领红军收缴反共民团武器，在返回母瑞山途中宿营光耀村外番薯园岭。由于叛徒出卖，被敌人夜袭，为掩护同志们突围而壮烈牺牲。

1957 年 9 月，琼东县人民委员会追认王大鹏为革命烈士，确认其生前职务是琼崖苏维埃政府副主席，并颁发革命烈士证明书。1983 年 9 月，中华人民共和国民政部换发革命烈士证明书。2015 年，琼海市人民政府在龙阁村修建王大鹏烈士墓（见插页 12）。2020 年，在琼海市委、市政府和嘉积镇委、镇政府的关怀下，王大鹏的亲属在原址重修了王大鹏烈士故居（见插页 14）。[2]

注：
　①王业亮和陈士熙生儿女王南海、王南萍；王业武和李昭英生儿女王侠心、王金燕、王金波；王业拔病卒；王业雄和黄英淑生儿女王球、王亚拉、王中坚、王丽娜、王中宁。
　②本文史料详见本书"有关王大鹏烈士的史料"部分。

后　记

　　为了传承家乡的历史文化，讲好红色故事，2015 年，我去龙阁村拜访王大鹏烈士的孙子王侠心、王金波、王球和王中坚，写了《嘉积新纪元》和《嘉积传奇英烈王大鹏》两篇文章，收在 2016 年出版的《嘉积乡愁》一书中，引起了很大的反响。由于我们不仅同姓，而且同宗同族，我父亲叫王大琪，按本族辈分，他们都叫我"兴叔"。因此，我们结下了不解之缘，为王大鹏烈士著书立传，也就成了义不容辞的责任。

　　可是，"巧妇难为无米之炊"。史料缺乏，难以成书。我便开始在浩瀚的史海中遨游，阅读和收集有关王大鹏的史料和文章。想不到的是，在旧书摊上意外得到了一份重要的史料。2017 年 7 月 30 日（星期天）上午，我像往常一样，骑单车去海口公园东湖边上的花梨木市场转一转，希望买到形状各异的树根做根雕。随后，到旧书摊看一看，购买自己喜欢的书。那天，看到一本《海南文史资料》，于是蹲在地上翻阅。不料眼前一亮，被《王大鹏先生生平纪述》九个字吸住了眼球，便迫不及待地把这篇文章浏览。原来，那是王大鹏的小儿子王业雄介绍父亲生平的文章，约有1万字，由海南省政协文史资料委员会于1991年收录编辑出版。正是这篇文章，使我对王大鹏有了全面了解，坚定了书写王大鹏的信心。

奇怪的是，王业雄的儿子王中坚说，家里没见过这本书。这难道是天意，冥冥之中，王大鹏烈士英灵神助"宝典"？更为不可思议的是，有一天修改书稿时，突然心灵感应，发觉王业雄好像是我在朝标小学读书（一年）时的老师，结果得到王中坚证实。真是太神奇了！55年弹指间，我如梦初醒，原来书写王大鹏是老师对学生的嘱托！

古人云："博观而约取，厚积而薄发。"经过数年的实地走访、阅读史料，形成了写作思路。受中共琼海市委党史（地方志）研究中心委托，我笔耕不辍，终于编写出版了《王大鹏烈士史料研究》一书，如释重负，不负师托，足以告慰王大鹏烈士在天之灵！

2021年2月20日，习近平总书记在党史学习教育动员大会上指出："在一百年的非凡奋斗历程中，一代又一代中国共产党人顽强拼搏、不懈奋斗，涌现了一大批视死如归的革命烈士、一大批顽强奋斗的英雄人物、一大批忘我奉献的先进模范，形成了井冈山精神、长征精神……抗疫精神等伟大精神，构筑起了中国共产党人的精神谱系……为我们立党兴党强党提供了丰厚滋养。……要教育引导全党大力发扬红色传统、传承红色基因，赓续共产党人精神血脉，始终保持革命者的大无畏奋斗精神，鼓起迈进新进程、奋进新时代的精气神。"学党史，忆先烈。王大鹏 1922 年加入中国共产党，1929 年在战斗中牺牲，是"视死如归的革命烈士"，人民永远不会忘记！值此 2021 年到来之际，我谨以此书纪念王大鹏烈士，纪念中国共产党成立 100 周年！

本书史料主要来源：《"一大"前后——中国共产党第一次代表大会前后资料选编》《琼崖土地革命战争史料选编》《红旗不倒——中共琼崖地方史》《中国共产党海南历史（第一卷）》《海南百科全书》《海南文史资料》《琼崖纵队史》，《海南省志》之《人物志》《交通志》《文化志》，以及《琼海革命斗争史》《中国共产党琼海历史（第一卷）》《琼海县志》《东方县志》《陵水县志》《琼山县志》《定安县志》等史书。谨此，向有关专家、学者、编者和为本书提供文稿的赖永生、程昭星、陈锦爱、陈鹤亭先生及琼海市委党史研究室、琼海市地方志办公室等致以诚挚的敬意。

本书在编写过程中，得到同事、同学、同乡、朋友及家人的关心和帮助，为此，向林夏、覃俊、吴仕春、许德长、陈敬词、许宏鸾、王宏兴、王琼、王海安、王粤、王正春、韩文畴、吴清育、严桂才、庞道强、王惠泰、周仕科、严朝政、陈荣风、韩蕾、许婷、王亮、陈超平、张鸿川等，一并致以谢意。

特别要感谢王大鹏烈士的亲属，对本书的编写出版予以全力支持：年逾七旬的王侠心，陪同到王大鹏同志牺牲的地方走访；伤残卧床的王金波，认真阅读书稿；王球帮忙查对族谱，核实有关史料；王中坚始终与我保持联系，提供资料；远在内蒙古的王南海、王南萍十分关心写书的情况；在香港的王中宁对书的出版予以大力支持。此外，王大鹏的曾孙王国力不仅陪同下乡走访，而且帮忙处理书稿等等。虽然他们是王大鹏的亲人，尽责尽力理所当然。可是，他们为传承红色基因所做的不懈努力，值得感谢！这里还要告诉读者，在琼海市委、市政府和嘉积镇委、镇政府的关怀下，王大鹏的亲属在原址重修了王大鹏烈士故居，供人们参观学习，传承红色文化。

本书由中共琼海市委党史（地方志）研究中心等支持出版，在此表示衷心感谢！

由于王大鹏同志牺牲时间久远，史料缺失，我虽尽力而为，书中亦错漏难免，敬请读者指正。

王林兴

2021 年 3 月 23 日